ISBN 978-0-332-74242-7
PIBN 11236846

This book is a reproduction of an important historical work. Forgotten Books uses
state-of-the-art technology to digitally reconstruct the work, preserving the original format
whilst repairing imperfections present in the aged copy. In rare cases, an imperfection in
the original, such as a blemish or missing page, may be replicated in our edition. We do,
however, repair the vast majority of imperfections successfully; any imperfections that
remain are intentionally left to preserve the state of such historical works.

Handbuch

der

französischen Umgangssprache.

Von

D. F. Ahn,

Vorsteher einer Erziehungs-Anstalt in Aachen.

Sechste Auflage.

Köln am Rhein.

Druck und Verlag von M. DuMont-Schauberg.

1841.

Vorwort.

Wenn es nicht zu läugnen ist, daß die Absicht der meisten Anfänger in der französischen Sprache dahin geht, diese nicht nur verstehen, sondern auch sprechen zu lernen, so kann man ihnen wohl nichts Zweckmäßigeres in die Hände geben, als eine Sammlung guter Gespräche über Gegenstände, welche die Unterhaltung gesitteter Personen ausmachen können, und worin die vielen eigenthümlichen Ausdrücke und Redensarten des geselligen Umgangs mannigfaltig wiederkehren. Ein Schüler kann, wie die Erfahrung lehrt, die ganze Grammatik durchgearbeitet und sein Gedächtniß bereits durch Lesung guter Schriften mit den gebräuchlichsten Wörtern bereichert haben, und doch noch immer außer Stande sein, sich über Gegenstände des gewöhnlichen Lebens zu unterhalten. Denn die Conversationssprache hat ihre eigenthümlichen Formen und Wendungen, die nicht immer in die Büchersprache übergehen und daher entweder durch den Umgang mit gebildeten Personen oder, in Ermangelung dessen, durch eigens dazu verfaßte Anleitungen erlernt werden müssen. Das vorliegende Handbuch verdankt diesem Bedürfnisse seine Entstehung, und wird hoffentlich dem Freunde der französischen Sprache als ein zweckmäßiges Mittel, die gewünschte Fertigkeit im mündlichen Ausdrucke zu erlangen, willkommen sein. Es zerfällt in fünf verschiedene Abtheilungen: Die erste enthält eine sorgfältig geordnete Zusammenstellung derjenigen Wörter, welche in der Umgangssprache am

häufigsten vorkommen und daher als Grundlage für die
folgenden Theile dienen können. Die zweite geht schon
zu kleinen und leichten Sätzen über und umfaßt eine
Auswahl solcher Phrasen, die sich über die gewöhn=
lichsten Handlungen und Zustände des täglichen Lebens
erstrecken. Die dritte Abtheilung, wozu die beiden vori=
gen vorbereiten, besteht aus einem Cyclus von Ge=
sprächen, die sich durch einen zusammenhangenden
Dialog und besonders durch Richtigkeit im Ausdrucke
und Reinheit der Sprache empfehlen werden. Hieran
schließt sich die vierte Abtheilung, worin die wesentlichsten
Idiotismen, nach drei verschiedenen Klassen geord=
net, enthalten sind. Die fünfte Abtheilung, mit der
Ueberschrift: Lehrreiche Unterhaltungen, ist aus
Berquin's Werken entnommen, die wegen ihrer Ein=
fachheit und Reinheit des Stils für den Anfänger be=
sonders geeignet sind. Den Schluß macht ein Drama
von demselben Verfasser, das in einfacher Sprache ge=
schrieben ist und gewiß viel Belehrung und Unterhal=
tung gewähren wird.

Aachen, 1827, 1832, 1835, 1837, 1839, 1841.

Erste Abtheilung.

Wörter-Sammlung.

1. Von Gott und dem Weltall.

Dieu, Gott.
le créateur, der Schöpfer.
les créatures, die Geschöpfe.
la création, die Schöpfung.
l'univers, das Weltall.
le monde, die Welt.
le ciel, der Himmel.
le soleil, die Sonne.
les rayons du soleil, die Sonnenstrahlen.
la lune, der Mond.
le clair de lune, der Mondschein.
une étoile, ein Stern.
les astres, die Gestirne.
une comète, ein Komet.
les planètes, die Planeten.
une éclipse, eine Finsterniß.
les éléments, die Elemente.
l'air, die Luft.
la terre, die Erde.
l'eau, das Wasser.

le feu, das Feuer.
la mer, das Meer, die See.
une île, eine Insel.
un rocher, ein Fels.
un lac, ein See.
un étang, ein Teich.
un fleuve, ein Strom.
une rivière, ein Fluß.
les animaux, die Thiere.
les végétaux, die Gewächse.
les minéraux, die Mineralien.
les métaux, die Metalle.
l'or, das Gold.
l'argent, das Silber.
le fer, das Eisen.
l'acier, der Stahl.
le cuivre, das Kupfer.
le plomb, das Blei.
l'étain, das Zinn.
le laiton, das Messing.
l'airain, das Erz.
le fer blanc, das Blech.

2. Vom Menschen.

L'homme, der Mensch.
le corps, der Körper, Leib.
la tête, der Kopf.
les cheveux, die Haupthaare.
le visage, das Gesicht.

le front, die Stirn.
les tempes, die Schläfe.
un oeil, ein Auge.
les yeux, die Augen.
les sourcils, die Augenbraunen.

les paupières, die Augenlider.

le nombril, der Nabel.

les cils, die Augenwimpern.

la prunelle, der Augapfel.

le nez, die Nase.

les narines, die Nasenlöcher.

les oreilles, die Ohren.

le menton, das Kinn.

la barbe, der Bart.

les joues, die Wangen.

la bouche, der Mund.

les lèvres, die Lippen.

la dent, der Zahn.

les gencives, das Zahnfleisch.

la langue, die Zunge.

le cou, der Hals.

la gorge, die Gurgel.

le gosier, die Kehle.

la nuque, das Genick.

les épaules, die Schultern.

le dos, der Rücken.

l'épine du dos, der Rückgrat.

le bras, der Arm.

le coude, der Elbogen.

le poing, die Faust.

la main, die Hand.

les doigts, die Finger.

le pouce, der Daumen.

les ongles, die Nägel.

l'estomac, der Magen.

le pouls, der Puls.

la poitrine, die Brust.

le ventre, der Bauch.

les poumons, die Lunge.

le foie, die Leber.

le coeur, das Herz.

le côté, die Seite.

la hanche, die Hüfte.

les cuisses, die Schenkel.

le genou, das Knie.

le jarret, die Kniekehle.

la jambe, das Bein.

le mollet, die Wade.

le pied, der Fuß.

la plante du pied, die Fußsohle.

la cheville du pied, der Knöchel.

un doigt du pied, eine Zehe.

l'orteil, die große Zehe.

le talon, die Ferse.

les membres, die Glieder.

le tronc, der Rumpf.

la peau, die Haut.

le poil, das Haar.

la chair, das Fleisch.

les os, die Knochen.

le cerveau, das Gehirn.

le crâne, die Hirnschale.

les entrailles, das Eingeweide.

le sang, das Blut.

la bile, die Galle.

la salive, der Speichel.

la sueur, der Schweiß.

les nerfs, die Nerven.

les veines, die Adern.

3. Von den Nahrungsmitteln.

Le pain, das Brod.

du pain bis, Schwarzbrod.

du pain blanc, Weißbrod.

la croûte, die Kruste.

la mie, die Krume.

des miettes, Brodkrumen.

la farine, das Mehl.

de la viande, Fleisch.

du bouilli, Gesottenes.

du rôti, Braten.

du veau, Kalbfleisch.

du boeuf, Rindfleisch.

du mouton, Hammelfleisch.

de l'agneau, Lammfleisch.

du cochon, Schweinefleisch.

du lard, Speck.

de la graisse, Fett.

le jambon, der Schinken.

la couenne, die Schwarte.

un morceau, ein Stück.

des saucisses, Bratwürste.

du boudin, Leberwurst.

des légumes, Gemüse.

la sauce, die Brühe.

la soupe, die Suppe.

le potage, die Fleischsuppe.

le bouillon, die Fleischbrühe.

des boulettes, Klößchen.

du riz, Reiß.

de l'orge mondé, Gersten= graupen.

des oeufs, Eier.

des oeufs à la coque, weich= gesottene Eier.

une omelette, ein Eierkuchen.

un pâté, eine Pastete.

une tarte, eine Torte.

de la salade, Salat.

de la moutarde, Senf.

du sel, Salz.

de l'huile, Oel.

du vinaigre, Essig.

du poivre, Pfeffer.

le dessert, der Nachtisch.

du beurre, Butter.

une beurrée, ein Butterbrod.

un gâteau, ein Kuchen.

du fromage, Käse.

des confitures, Konfekt.

une gaufre, eine Waffel.

un craquelin, eine Brezel.

du biscuit, Zuckerbrod.

le déjeûner, das Frühstück.

le dîner, das Mittagessen.

le goûter, das Abendessen. |

le souper, das Nachtessen.

la faim, der Hunger.

la soif, der Durst.

la boisson, das Getränk.

une bouchée, ein Mund voll.

de l'eau, Wasser.

du vin, Wein.

de la bière, Bier.

du café, Kaffee.

du lait, Milch.

du babeurre, Buttermilch.

de la crême, Rahm.

du thé, Thee.

du chocolat, Chocolade.

de l'eau-de-vie, Branntwein.

une bouteille, eine Flasche.

un bouchon, ein Kork.

un tire-bouchon, ein Kork= zieher.

4. Von der Kleidung.

Un habit, ein Kleid, ein Rock.

un surtout, ein Ueberrock.

une redingote, ein Reiserock.

un manteau, ein Mantel.

la manche, der Aermel.

le parement, der Aufschlag.

le collet, der Kragen.

la doublure, das Futter.

la poche, die Tasche.

le gousset, die Uhrtasche.

les boutons, die Knöpfe.

les boutonnières, die Knopf= löcher.

une veste, eine Jacke.

un gilet, eine Weste.

la culotte, die Hosen.

les caleçons, die Unterhosen.

un pantalon, lange Hosen.

les bretelles, der Hosenträ= ger.

la robe de chambre, der Schlafrock.

le bonnet, die Mütze.

le chapeau, der Hut.

la cravate, die Halsbinde.

une coiffe, eine Haube.

la coiffure, der Kopfputz.

le panache, der Federbusch.

une épingle à cheveux, eine
  Haarnadel.
le peigne, der Kamm.
la poudre, der Puder.
la pommade, die Pomade.
du fard, Schminke.
le cure-dent, der Zahnstocher.
des boucles d'oreilles, Ohr=
  ringe.
un collier, ein Halsband.
un fichu, ein Halstuch.
une robe, ein langes Kleid.
un lacet, ein Schnürriemen.
un corset, ein Leibchen.
une jupe, ein Frauenrock.
un jupon, ein Unterrock.
un tablier, eine Schürze.
le ruban, das Band.
l'éventail, der Fächer.
des bracelets, Armbänder.
des gants, Handschuhe.
une bague, ein Ring.
une montre, eine Uhr.
le verre, das Glas.
le cadran, das Zifferblatt.
l'aiguille, der Zeiger.
le bas, der Strumpf.
les jarretières, die Strumpf=
  bänder.
les boucles, die Schnallen.
les bottes, die Stiefel.

des bottines, Halbstiefel.
un tirant, ein Zugband.
un tire-botte, ein Stiefel=
  knecht.
les crochets, die Stiefelhaken.
les pantoufles, die Pantoffeln.
les souliers, die Schuhe.
l'empeigne, das Oberleder.
la semelle, die Sohle.
le talon, der Absatz.
le linge, das Weißzeug.
une chemise, ein Hemde.
une canne, ein Spazierstock.
un bâton, ein Stock.
la pomme, der Knopf.
la garniture, das Beschläge.
une tabatière, eine Tabaks=
  dose.
une pipe, eine Pfeife.
du tabac, Tabak.
un mouchoir, ein Schnupf=
  tuch, Taschentuch.
les lunettes, die Brille.
une lorgnette, ein Guckglas.
la bourse, der Beutel.
les vergettes, die Kleiderbürste.
les décrottoires, die Schuh=
  bürste.
le cirage, die Schuhwichse.
le parapluie, der Regenschirm.
le parasol, der Sonnenschirm.

5. Vom Hausgeräthe.

Une armoire, ein Schrank.
une commode, eine Kommode.
une table, ein Tisch.
un secrétaire, ein Schreibtisch.
un tiroir, eine Schublade.
une chaise, ein Stuhl.
un fauteuil, ein Lehnstuhl.
un canapé, ein Kanapee.
un miroir, une glace, ein
  Spiegel.
un tableau, ein Gemälde.

un portrait, ein Bildniß.
une estampe, ein Kupferstich.
une horloge, eine Uhr.
une pendule, eine Standuhr.
un coffre, ein Koffer.
une cassette, ein Kästchen.
une boîte, eine Schachtel.
le couvercle, der Deckel.
le lit, das Bett.
le bois de lit, die Bettlade.
le berceau, die Wiege.

la couverture, die Decke.
un oreiller, ein Kopfkissen.
le traversin, } der Pfühl.
le chevet,
le drap de lit, das Bett=Tuch.
la paillasse, der Strohsack.
le matelas, die Matraze.
les rideaux, die Vorhänge.
une taie, ein Ueberzug.
un crachoir, ein Spuckkäst=
chen.
le poêle, der Ofen.
le tonneau, das Faß.
les cercles, die Reifen.
le robinet, der Hahn.
le pot, der Topf.
le plat, die Schüssel.
l'assiette, der Teller.
le chaudron, der Kessel.
la cruche, der Krug.
le mortier, der Mörser.
un chandelier, ein Leuchter.
un lustre, ein Kronleuchter.
une lampe, eine Lampe.
une lanterne, eine Leuchte.
une cuiller, ein Löffel.
une fourchette, eine Gabel.
un couteau, ein Messer.

une tasse, eine Schale, Tasse.
la soucoupe, die Untertasse.
la nappe, das Tischtuch.
une serviette, ein Tellertuch.
un essuie-main, ein Hand=
tuch.
un torchon, ein Abwischtuch.
une écuelle, ein Napf.
une jatte, ein Spülkumpen.
un verre, ein Glas.
un gobelet, ein Becher.
la cafétière, die Kaffeekanne.
la théière, die Theekanne.
le sucrier, die Zuckerdose.
le poivrier, die Pfefferdose.
le moutardier, der Senftopf.
la salière, das Salzfaß.
une passoire, eine Seihe.
le cabaret, das Theebrett.
un balai, ein Besen.
un marteau, ein Hammer.
les tenailles, die Zange.
un seau, ein Eimer.
les mouchettes, die Lichtputze.
les pincettes, die Feuerzange.
une pèle, eine Schaufel.
un panier, ein Korb.
une corbeille, ein Handkorb.

6. Von der Verwandtschaft.

La famille, die Familie.
les parents, die Eltern, die
Verwandten.
le mari, der Mann.
la femme, die Frau.
l'époux, der Gatte.
l'épouse, die Gattin.
le père, der Vater.
la mère, die Mutter.
l'enfant, das Kind.
le fils, der Sohn.
la fille, die Tochter.
le frère, der Bruder.
l'aîné, der Aelteste.

le cadet, der Jüngste.
la soeur, die Schwester.
frères et soeurs, Geschwister.
des jumeaux, Zwillinge.
le beau-père, der Schwieger=
vater, Stiefvater.
la belle mère, die Schwie=
germutter, Stiefmutter.
le gendre, der Schwiegersohn.
la bru, die Schwiegertochter.
le beau-fils, der Stiefsohn.
la belle-fille, die Stieftochter.
le grand-père, der Großva=
ter.

1*

la grand'-mère, die Groß=
mutter.

un petit-fils, ein Enkel.

une petite-fille, eine Enkelin.

l'oncle, der Oheim.

la tante, die Muhme.

le neveu, der Neffe.

la nièce, die Nichte.

le beau-frère, der Schwager.

la belle-soeur, die Schwä=
gerin.

le cousin, der Vetter.

la cousine, die Base.

cousin-germain, Geschwister=
kind.

le compère, der Gevatter.

la commère, die Gevatterin.

le parrain, der Pathe.

le filleul, ⎫
la filleule, ⎭ das Pathchen.

le mariage, der Ehestand.

un veuf, ein Wittwer.

une veuve, eine Wittwe.

un tuteur, ein Vormund.

un pupille, ein Mündel.

un orphelin, eine Waise.

7. Von den Gewerben.

Un métier, ein Handwerk.

un artisan, ein Handwerker.

un journalier, ein Tagelöh=
ner.

un boulanger, ein Bäcker.

un confiseur, ein Zucker=
bäcker.

le four, der Backofen.

un meunier, ein Müller.

un boucher, ein Metzger.

un brasseur, ein Bierbrauer.

un tailleur, ein Schneider.

un cordonnier, ein Schuster.

la forme, der Leisten.

un chapelier, ein Hutmacher.

un pelletier, ein Kürschner.

un charron, ein Wagner.

un maréchal, ein Hufschmid.

un forgeron, ein Schmid.

la forge, die Schmiede.

l'enclume, der Amboß.

un serrurier, ein Schlosser.

la lime, die Feile.

l'étau, der Schraubstock.

un sellier, ein Sattler.

un ferblantier, ein Klempner.

un menuisier, ein Schreiner.

la scie, die Säge.

le rabot, der Hobel.

les copeaux, die Späne.

le perçoir, der Bohrer.

la hache, das Beil.

la colle, der Leim.

un maçon, ein Maurer.

la truelle, die Kelle.

un vitrier, ein Glaser.

un couvreur, ein Dachdecker.

un ramoneur, ein Schorn=
steinfeger.

un potier, ein Töpfer.

un potier d'étain, ein Zinn=
gießer.

un chaudronnier, ein Kup=
ferschmid.

un cloutier, ein Nagelschmid.

le clou, der Nagel.

un coutelier, ein Messer=
schmid.

un tonnelier, ein Böttcher.

un tourneur, ein Drechsler.

le tour, die Drehbank.

un papetier, ein Papier=
macher.

un relieur, ein Buchbinder.

la reliure, der Einband.

un tanneur, ein Gerber.

un cordier, ein Seiler.
un teinturier, ein Färber.
un tissérand, ein Weber.

un gagne-petit, ein Scheeren=
schleifer.
l'atelier, die Werkstätte.

8. Von der Stadt.

La ville, die Stadt.
un faubourg, eine Vorstadt.
la douane, das Zollhaus.
la barrière, der Schlagbaum.
le pont, die Brücke.
un garde-fou, ein Geländer.
le fossé, der Graben.
le rempart, der Wall.
la muraille, die Mauer.
la tour, der Thurm.
un clocher, ein Glockenthurm.
la forteresse, die Festung.
la porte, das Thor.
la rue, die Straße.
le pavé, das Pflaster.
la place, der Markt.
un jet d'eau, ein Spring=
brunnen.
un bâtiment, ein Gebäude.
l'hôtel de ville, das Rathhaus.
la salle de spectacle, das
Schauspielhaus.
la poste, die Post.
l'arsenal, das Zeughaus.
l'hôpital, das Spital.
le lombard, das Pfandhaus.

le manége, die Reitschule.
la place d'armes, der Para=
deplatz.
la maison des orphelins, das
Waisenhaus.
l'église, die Kirche.
la cathédrale, die Domkirche.
un couvent, ein Kloster.
l'école, die Schule.
la prison, das Gefängniß.
la maison de correction, das
Zuchthaus.
la bourse, die Börse.
la balance, das Waghaus.
la monnaie, die Münzstätte.
un palais, ein Palast.
un hôtel, ein Gasthof.
une auberge, eine Herberge.
un cabaret, eine Schenke.
le café, das Kaffeehaus.
l'enseigne, das Schild.
les environs, die Umgegend.
le port, der Hafen.
le cimetière, der Kirchhof.
le tombeau, das Grab.
la tombe, der Grabstein.

9. Von einem Hause.

La maison, das Haus.
le rez-de-chaussée, das Erd=
geschoß.
un étage, ein Stockwerk.
la porte, die Thür.
la porte-cochère, das Haus=
thor.
la serrure, das Schloß.
le loquet, die Klinke.
la poignée, der Drücker.

la clef, der Schlüssel.
un passe-partout, ein Haupt=
schlüssel.
un crochet, ein Dietrich.
un heurtoir, ein Klopfer.
la sonnette, die Klingel.
un verrou, ein Riegel.
l'escalier, die Treppe.
un degré, eine Stufe.
la balustrade, das Geländer.

une salle, ein Saal. — la lucarne, das Dachfenster.

la salle à manger, der Speisesaal. — une girouette, ein Wetterhahn.

le salon, das Besuchzimmer. — la gouttière, die Dachrinne.

un balcon, ein Altan, Balkon. — une tuile, ein Ziegel.

un appartement, ein Gemach. — la cour, der Hof.

une échelle, eine Leiter.

une chambre, ein Zimmer. — un échelon, eine Sprosse.

une antichambre, ein Vorzimmer. — l'écurie, der Pferdestall.

la mangeoire, die Krippe.

une chambre à coucher, ein Schlafzimmer. — l'étable, der Viehstall.

le bercail, der Schafstall.

une chambre garnie, ein möblirtes Zimmer. — le bûcher, der Holzschoppen.

le poulailler, das Hühnerhaus.

la fenêtre, la croisée, das Fenster. — le colombier, das Taubenhaus.

la jalousie, der Fensterschirm. — le chenil, der Hundestall.

les vitres, les carreaux, die Scheiben. — les commodités, der Abtritt.

la grange, die Scheune.

un volet, ein Fensterläden. — la remise, der Wagenschoppen.

le plafond, die Decke. — un puits, ein Ziehbrunnen.

le plancher, der Fußboden. — la cave, der Keller.

la paroi, die Wand. — le soupirail, das Kellerloch.

la cheminée, der Kamin. — le jardin, der Garten.

la suie, der Ruß. — la grille, das Gitter.

la cuisine, die Küche. — une serre, ein Treibhaus.

le foyer, der Feuerherd. — la haie, der Zaun, die Hecke.

l'office, die Speisekammer. — le berceau, die Laube.

le grenier, der Speicher. — une bêche, ein Spaten.

une poutre, ein Balken. — un râteau, ein Rechen.

une planche, ein Brett. — une serpe, ein Gartenmesser.

le toit, das Dach. — un arrosoir, eine Gießkanne.

10. Vom Felde.

La campagne, das Land, Feld. — une cabane, eine Hütte.

un paysage, eine Landschaft. — une chaumière, eine Strohhütte.

la contrée, die Gegend.

une plaine, eine Ebene. — un village, ein Dorf.

une montagne, ein Berg. — un bourg, ein Flecken.

une caverne, eine Höhle. — un château, ein Schloß.

une cascade, ein Wasserfall. — une maison de campagne, ein Landhaus.

une vallée, un vallon, ein Thal. — une ferme, ein Meierhof.

une colline, ein Hügel. — le fermier, der Pachter.

un moulin, eine Mühle.

une meule, ein Mühlstein.

la roue, das Mühlrad.

la forêt, der Wald.

le bois, das Gehölz.

un sentier, ein Fußpfad.

un chemin, ein Weg.

le grand-chemin, die Land= straße.

l'ornière, das Geleise.

un carrefour, ein Kreuzweg.

une source, eine Quelle.

un ruisseau, ein Bach.

le champ, das Feld, der Acker.

un sillon, eine Furche.

une motte de terre, eine Erdscholle.

le sable, der Sand.

le gravier, der Kies.

de la terre grasse, Lehm.

de l'argile, Thon.

le fumier, der Mist.

la poussière, der Staub.

un pré, une prairie, eine Wiese.

une bruyère, eine Heide.

un verger, ein Baumgarten.

le blé, das Korn, Getreide.

le froment, der Weizen.

le seigle, der Roggen.

l'orge, die Gerste.

l'avoine, der Hafer.

la paille, das Stroh.

le chaume, die Stoppeln.

l'épi, die Aehre.

le tuyau, der Halm.

la charrue, der Pflug.

la herse, die Egge.

la semence, der Same.

le foin, das Heu.

la fenaison, die Heuärnte.

un faucheur, ein Mäher.

une faux, eine Sense.

la récolte, la moisson, die Aernte.

un moissonneur, ein Schnit= ter.

une gerbe, eine Garbe.

une faucille, eine Sichel.

le batteur en grange, der Drescher.

le fléau, der Dreschflegel.

un crible, ein Sieb.

le raisin, die Weintraube.

la vendange, die Weinlese.

le pressoir, die Kelter.

un vigneron, ein Winzer.

11. Von den vierfüßigen Thieren.

Une bête, un animal, ein Thier.

le fourrage, das Futter.

la litière, die Streu.

la peau, das Fell.

le poil, das Haar.

un cheval, ein Pferd.

une jument, eine Stute.

un étalon, ein Hengst.

un hongre, ein Wallach.

un alezan, ein Fuchs.

un poulain, ein Füllen.

la bride, der Zaum.

le licou, die Halfter.

la selle, der Sattel.

les étriers, die Steigbügel.

les éperons, die Sporen.

un âne, ein Esel.

le mulet, der Maulesel.

le chien, der Hund.

un levrier, ein Windhund.

un barbet, ein Pudel.

un basset, ein Dachshund.

un chien-loup, ein Spitz.

le museau, die Schnauze.

la queue, der Schwanz.

la patte, die Pfote.
le chat, die Katze.
le matou, der Kater.
le rat, die Ratte.
la souris, die Maus.
la souricière, die Mausefalle.
un lapin, ein Kaninchen.
une belette, ein Wiesel.
un hérisson, ein Igel.
une taupe, ein Maulwurf.
une martre, ein Marder.
un boeuf, ein Ochs.
un taureau, ein Stier.
une vache, eine Kuh.
un veau, ein Kalb.
une brebis, ein Schaf.
un bélier, ein Widder.
un agneau, ein Lamm.
un cochon, ein Schwein.
le bouc, der Bock.

la chèvre, die Ziege.
le chamois, die Gemse.
le lièvre, der Hase.
l'écureuil, das Eichhorn.
le singe, der Affe.
le castor, der Biber.
le sanglier, das wilde Schwein.
la truie, die Sau.
le cerf, der Hirsch.
la biche, die Hindinn.
un chevreuil, ein Reh.
un renard, ein Fuchs.
un blaireau, ein Dachs.
un loup, ein Wolf.
un ours, ein Bär.
un lion, ein Löwe.
un éléphant, ein Elephant.
un chameau, ein Kameel.
un léopard, ein Leopard.
un tigre, ein Tiger.

12. Von den Vögeln.

Un oiseau, ein Vogel.
une plume, eine Feder.
le plumage, das Gefieder.
une aile, ein Flügel.
les griffes, die Krallen.
le bec, der Schnabel.
le nid, das Nest.
le coq, der Hahn.
la poule, die Henne.
un poulet, ein Hühnchen.
un poussin, ein Küchlein.
la crête, der Kamm.
un coq d'Inde, ein Truthahn.
un cygne, ein Schwan.
une oie, eine Gans.
un canard, eine Ente.
un pigeon, eine Taube.
une tourterelle, eine Turteltaube.
un paon, ein Pfau.
une caille, eine Wachtel.
une bécasse, eine Schnepfe.

des perdrix, Rebhühner.
des grives, Krammetsvögel.
le merle, die Amsel.
l'alouette, die Lerche.
le rossignol, die Nachtigall.
le canari, le serin de Canarie, der Kanarienvogel.
le serin, der Zeisig.
le chardonneret, der Distelfink.
la fauvette, die Grasmücke.
la linotte, der Hänfling.
la mésange, die Meise.
le pinson, der Fink.
le rouge-gorge, das Rothkehlchen.
le roitelet, der Zaunkönig.
l'hirondelle, die Schwalbe.
le hochequeue, die Bachstelze.
le moineau, der Sperling.
la pie, die Elster.

la huppe, der Wiedehopf.
le corbeau, der Rabe.
la corneille, die Krähe.
la chouette, die Eule.
le coucou, der Kukuk.
la chauve-souris, die Fledermaus.

le perroquet, der Papagei.
l'épervier, der Sperber.
le faucon, der Falk.
le vautour, der Geier.
la cigogne, der Storch.
l'autruche, der Strauß.
l'aigle, der Adler.

13. Von den Fischen und Insekten.

Un poisson, ein Fisch.
les écailles, die Schuppen.
une arête, eine Gräte.
une nageoire, eine Floßfeder.
un brochet, ein Hecht.
un saumon, ein Lachs, Salm.
une carpe, ein Karpfen.
une tanche, eine Schleihe.
une anguille, ein Aal.
une truite, eine Forelle.
de la morue, Laberdan.
de la merluche, Stockfisch.
un hareng, ein Häring.
des huîtres, Austern.
une moule, eine Muschel.
une écrevisse, ein Krebs.
une tortue, eine Schildkröte.
la baleine, der Wallfisch.
un dauphin, ein Delphin.
des reptiles, kriechende Thiere.
un serpent, eine Schlange.
un lézard, eine Eidechse.
un crapaud, eine Kröte.
une grenouille, ein Frosch.
un ver, ein Wurm.
une chenille, eine Raupe.
un escargot, eine Schnecke.
une coquille, ein Schneckenhaus.

un limaçon, eine rothe Schnecke.
un insecte, ein Insekt.
une fourmi, eine Ameise.
une araignée, eine Spinne.
une toile d'araignée, ein Spinngewebe.
une mite, eine Milbe.
une teigne, eine Motte.
un pou, eine Laus.
une lente, eine Niße.
une puce, ein Floh.
une punaise, eine Wanze.
une mouche, eine Fliege.
un tue-mouche, eine Fliegenklappe.
un moucheron, eine Mücke.
une abeille, eine Biene.
une ruche, ein Bienenkorb.
le miel, der Honig.
un bourdon, eine Hummel.
une guêpe, eine Wespe.
un taon, eine Bremse.
un hanneton, ein Maikäfer.
un grillon, eine Grille.
une sauterelle, eine Heuschrecke.
un papillon, ein Schmetterling.

14. Von den Küchengewächsen.

Des fèves, Bohnen.
des haricots, grüne Bohnen.
des lentilles, Linsen.

des pois, Erbsen.
des petits-pois, Zuckererbsen.
des choux, Kohl.

des choux-fleurs, Blumen=
kohl.

des choux-raves, Kohlrabi.

de la choux-croûte, Sauer=
kraut.

des carottes, gelbe Rüben.

des navets, weiße Rüben.

des betteraves, rothe Rüben.

des artichauts, Artischocken.

des asperges, Spargel.

des épinards, Spinat.

des radis, Radieschen.

du raifort, Meerrettig.

du céleri, Sellerie.

du persil, Petersilie.

du cresson, Kresse.

la laitue, der Lattich.

l'oseille, der Sauerampfer.

le cerfeuil, der Kerbel.

l'ail, Knoblauch. -

un oignon, eine Zwiebel.

une échalotte, eine Scha=
lotte.

de la cive, Schnittlauch.

de l'endive, Endivie.

une citrouille, ein Kürbis.

un melon, eine Melone.

des concombres, Gurken.

des cornichons, kleine einge=
machte Gurken.

des champignons, Erd=
schwamm.

une morille, eine Morchel.

du cumin, Kümmel.

15. Von den Bäumen und Blumen.

Un arbre, ein Baum.

un arbrisseau, ein Bäumchen.

un arbuste, ein Strauch.

une branche, ein Ast.

un rameau, ein Zweig.

la racine, die Wurzel.

le tronc, der Stamm.

une feuille, ein Blatt.

l'écorce, die Rinde.

un arbre fruitier, ein Obst=
baum.

une pomme, ein Apfel.

le pommier, der Apfelbaum.

une poire, eine Birne.

le poirier, der Birnbaum.

une prune, eine Pflaume.

le prunier, der Pflaumen=
baum.

une cerise, eine Kirsche.

le cerisier, der Kirschbaum.

un abricot, eine Aprikose.

l'abricotier, der Aprikosen=
baum.

une pêche, eine Pfirsich.

le pêcher, der Pfirsichbaum.

une noix, eine Nuß.

le noyer, der Nußbaum.

une noisette, eine Haselnuß.

un noisetier, eine Haselstaude.

la fromboise, die Himbeere.

la groseille, die Johannisbeere.

la groseille verte, die Sta=
chelbeere.

une fraise, eine Erdbeere.

une mûre, eine Maulbeere.

une nèfle, eine Mispel.

un marron, eine Kastanie.

le chêne, die Eiche.

un gland, eine Eichel.

le pin, die Fichte.

le sapin, die Tanne.

le tilleul, die Linde.

le hêtre, die Buche.

le bouleau, die Birke.

l'aune, die Erle.

le saule, die Weide.

l'osier, die Wasserweide.

le sureau, der Holunder.

l'orme, die Ulme.

le charme, die Hagebuche.

le peuplier, die Pappel.
une fleur, eine Blume.
la tige, der Stengel.
une épine, ein Dorn.
une rose, eine Rose.
un rosier, ein Rosenstock.
un bouton, eine Knospe.
un oeillet, eine Nelke.
une tulipe, eine Tulpe.
un lis, eine Lilie.
une giroflée, eine Levkoje.
une violette, ein Veilchen.
la pensée, die Sinnviole.

la julienne, die Nachtviole.
la germandrée, das Vergiß=
meinnicht.
le muguet, die Maiblume.
le bluet, die Kornblume.
le lilas, der Flieder.
la jacinthe, die Hyacinthe.
la renoncule, die Ramunkel.
le tournesol, die Sonnen=
blume.
du chèvre-feuille, Geißblatt.
un bouquet, ein Blumenstrauß.
un pot à fleur, ein Blumentopf.

16. Von der Schule.

L'école, die Schule.
un écolier, ein Schüler.
un maître, ein Lehrer.
un maître de langue, ein
Sprachlehrer.
un étudiant, ein Student.
le collége, das Gymnasium.
un livre, ein Buch.
la reliure, der Einband.
la tranche, der Schnitt.
un feuillet, ein Blatt.
une page, eine Seite.
la marge, der Rand.
une lettre, ein Buchstabe.
un cahier, ein Heft.
une exemple, eine Vorschrift.
l'écriture, die Schrift.
un parafe, ein Federzug.
du papier, Papier.
du papier à lettres, Postpa=
pier.
du papier brouillard, Lösch=
papier.
une main de papier, ein Buch
Papier.
une feuille de papier, ein
Bogen Papier.
une plume, eine Feder.
le tuyau, der Kiel.

la taille, der Schnitt.
la fente, die Spalte.
le bec, der Schnabel.
le canif, das Federmesser.
un encrier, ein Dintenfaß.
une écritoire, ein Schreibzeug.
de l'encre, Dinte.
de la poudre, Streusand.
le poudrier, die Streubüchse.
un crayon, ein Bleistift.
une règle, ein Lineal.
une ligne, eine Zeile.
un pâté, ein Dintenfleck.
un grattoir, ein Radirmesser.
un plioir, ein Falzbein.
une lettre, ein Brief.
une enveloppe, ein Umschlag.
un billet, ein Zettel.
un cachet, ein Petschaft.
un pain à cacheter, eine Ob=
late.
de la cire d'Espagne, Sie=
gellack.
un bâton, eine Stange.
une ardoise, eine Schiefertafel.
la touche, der Griffel.
une éponge, ein Schwamm.
un thème, eine Aufgabe.
une faute, ein Fehler.

17. Von der Zeit.

Le temps, die Zeit.
un moment, ein Augenblick.
une minute, eine Minute.
une heure, eine Stunde.
un quart-d'heure, eine Viertel=
stunde.
une demi-heure, eine halbe
Stunde.
une heure et demie, andert=
halb Stunde.
le jour, la journée, der Tag.
le matin, la matinée, der
Morgen.
le midi, der Mittag.
l'après-midi, der Nachmittag.
le soir, la soirée, der Abend.
la nuit, die Nacht.
le minuit, die Mitternacht.
un an, une année, ein Jahr.
un mois, ein Monat.
trois mois, ein Vierteljahr.
six mois, ein halbes Jahr.
neuf mois, drei Vierteljahre.
quinze mois, fünf Vierteljahre.
janvier, Januar.
février, Februar.
mars, März.
avril, April.

mai, Mai.
juin, Juni.
juillet, Juli.
août, August.
septembre, September.
octobre, Oktober.
novembre, November.
décembre, December.
une semaine, eine Woche.
quinze jours, vierzehn Tage.
lundi, Montag.
mardi, Dinstag.
mercredi, Mittwoch.
jeudi, Donnerstag.
vendredi, Freitag.
samedi, Samstag.
dimanche, Sonntag.
un jour de fête, ein Festtag.
un jour ouvrable, ein Werk=
tag.
la veille, der Tag vorher.
le lendemain, der folgende
Tag.
la saison, die Jahreszeit.
le printemps, der Frühling.
l'été, der Sommer.
l'automne, der Herbst.
l'hiver, der Winter.

18. Von den Spielen.

Le jeu, das Spiel.
le billard, das Billard.
la bille, die Kugel.
la blouse, das Loch.
une queue, ein Stock.
les cartes, die Karten.
une figure, ein Bild.
un roi, ein König.
une dame, eine Dame.
un valet, ein Bauer.
un as, ein As.
coeur, Herz.
carreau, Eckstein.

pique, Schippen.
trèfle, Kreuz, Klee.
un atout, ein Trumpf.
l'enjeu, der Einsatz.
le talon, der Stock.
la fiche, die Spielmarke.
les dés, die Würfel.
le jeu des échecs, das Schach=
spiel.
un échiquier, ein Schachbrett.
le fou, der Läufer.
le chevalier, der Springer.
le trictrac, das Brettspiel.

le jeu de dames, das Damen=
spiel.

un damier, ein Damenbrett.

un pion, ein Stein.

le jeu de quilles, das Kegel=
spiel.

une quille, ein Kegel.

un quillier, eine Kegelbahn.

la dame, der König.

la boule, die Kugel.

des échasses, Stelzen.

une escarpolette, eine Schau=
kel.

une toupie, ein Kreisel.

le volant, der Federball.

le cerf-volant, der papierne
Drache.

une pierrette, ein Steiner.

une culbute, ein Burzelbaum.

jouer à colin-maillard, Blin=
de=Kuh spielen.

jouer à cligne-musette, Ver=
stecken spielen.

la poupée, die Puppe.

les jouets, les joujoux, das
Spielzeug, die Spielsachen.

19. Von der Seele und ihren Vermögen.

L'esprit, der Verstand.

la raison, die Vernunft.

la volonté, der Wille.

le souhait, le désir, der
Wunsch.

le choix, die Wahl.

l'avis, le sentiment, die Mei=
nung.

la mémoire, das Gedächtniß.

le souvenir, die Erinnerung.

l'imagination, die Einbildung.

un songe, ein Traum.

la réflexion, die Ueberlegung.

la pensée, der Gedanke.

la crainte, la peur, die Furcht.

la frayeur, der Schrecken.

la surprise, das Erstaunen.

la sagesse, die Weisheit.

la prudence, die Klugheit.

la sottise, die Thorheit.

la stupidité, die Dummheit.

la bêtise, die Albernheit.

la folie, die Narrheit.

la colère, der Zorn.

la rage, die Wuth.

la capacité, die Fähigkeit.

le caractère, der Karakter.

la conduite, die Aufführung.

le soin, die Sorge.

la peine, die Mühe.

la louange, l'éloge, das Lob.

un reproche, ein Vorwurf.

le blâme, der Tadel.

le chagrin, der Verdruß.

le dépit, der Aerger.

la tristesse, die Traurigkeit.

la joie, die Freude.

l'estime, die Achtung.

l'attachement, die Anhänglich=
keit.

l'amitié, die Freundschaft.

l'amour, die Liebe.

la tendresse, die Zärtlichkeit.

la passion, die Leidenschaft.

la haine, der Haß.

la pitié, das Mitleiden.

l'envie, der Neid.

l'amour-propre, die Eigen=
liebe.

la fierté, der Stolz.

l'orgueil, der Hochmuth.

l'avarice, der Geiz.

les cinq sens, die fünf Sinne.

le toucher, das Gefühl.

la vue, das Gesicht.

l'ouïe, das Gehör.

l'odorat, der Geruch.

le goût, der Geschmack.

20. Vom Kriege.

La guerre, der Krieg.
les armes, die Waffen.
l'armée, das Heer.
le régiment, das Regiment.
l'escadron, die Schwadron.
la compagnie, die Kompagnie.
un détachement, ein Kommando.
un rang, ein Glied.
le camp, das Lager.
une tente, ein Zelt.
la ronde, die Runde.
la patrouille, die Scharwache.
l'ordre, le mot d'ordre, die Parole.
la garde, die Wache.
la sentinelle, die Schildwache.
la vedette, die Reiterwache.
la guérite, das Schilderhaus.
un soldat, ein Soldat.
l'uniforme, die Montur.
un fusil, eine Flinte.
le canon, der Lauf.
la crosse, der Kolben.
la platine, das Schloß.
le chien, der Hahn.
le bassinet, die Zündpfanne.
la batterie, der Deckel der Zündpfanne.
la lumière, das Zündloch.
la détente, der Drücker.
la baguette, der Ladstock.
la giberne, die Patrontasche.
la poudre à canon, das Schießpulver.
la cartouche, die Patrone.
la balle, die Kugel.
un coup, ein Schuß, Hieb.
le havre-sac, der Tornister.
le sabre, der Säbel.
l'épée, der Degen.
les guêtres, die Kamaschen.
le drapeau, die Fahne.

l'étendard, die Standarte.
le maréchal de camp, der Feldmarschall.
le colonel, der Oberst.
le major, der Major.
l'adjudant,
l'aide-major, } der Adjutant.
le capitaine, der Hauptmann.
le lieutenant, der Lieutenant.
l'enseigne, der Fähnrich.
le sergent-major, der Feldwebel.
le sergent, der Wachtmeister.
le sous-officier, der Unteroffizier.
le caporal, der Korporal.
un appointé, ein Gefreiter.
la recrue, der Rekrut.
l'artillerie, das Geschütz.
un canon, eine Kanone.
l'affût, die Laffette.
la mèche, die Lunte.
un boulet, eine Kanonenkugel.
la bombe, die Bombe.
un pistolet, ein Pistol.
un tirailleur, ein Schütze.
un chasseur, ein Jäger.
un cavalier, ein Kavallerist.
un fantassin, ein Infanterist.
un cuirassier, ein Küraffier.
un dragon, ein Dragoner.
un houssard, ein Husar.
un lancier, ein Uhlan.
un canonier, ein Kanonier.
l'artilleur, der Artillerist.
le tambour, der Tambour, die Trommel.
la marche, der Marsch.
la générale, der Generalmarsch.
le séjour, der Rasttag.
la retraite, der Zapfenstreich.
la revue, die Musterung.
un vivandier, ein Marketender.

un espion, ein Spion.
la bataille, die Schlacht.
le combat, das Gefecht.
le combat naval, das Seegefecht.
le siége, die Belagerung.
la garnison, die Besatzung.
la sortie, der Ausfall.
l'assaut, der Sturm.

une escarmouche, ein Scharmützel.
la prise, die Einnahme.
le pillage, die Plünderung.
la conquête, die Eroberung.
la victoire, der Sieg.
la trève, l'armistice, der Waffenstillstand.
la paix, der Friede.

21. Vom Handel.

Le commerce, der Handel.
le négoce, die Handlung.
un magasin, ein Waarenlager.
une boutique, ein Laden.
un comptoir, eine Schreibstube.
un étau, ein Kramstand.
un banquier, ein Wechsler.
un marchand, ein Handelsmann.
un négociant, ein Kaufmann.
un mercier, ein Krämer.
un colporteur, ein Hausirer.
un courtier, ein Sensal.
un agent de change, ein Makler.
un teneur de livres, ein Buchhalter.
un commis, ein Handlungsdiener.
une lettre de change, ein Wechsel.
une lettre de voiture, ein Frachtbrief.
une assignation, eine Anweisung.
une quittance, eine Quittung.
un billet, ein Schein, Zettel.
un compte, eine Rechnung.
un chaland, une pratique, eine Kunde.
un débiteur, ein Schuldner.

un créancier, ein Gläubiger.
le paiement, die Zahlung.
de l'argent comptant, baares Geld.
le rabais, la remise, der Rabatt.
l'escompte, der Abzug.
la marchandise, die Waare.
du drap, Tuch.
la lisière, der Saum.
l'endroit, die rechte Seite.
l'envers, die linke Seite.
un échantillon, ein Muster.
du velours, Sammt.
du satin, Atlaß.
du taffetas, Taffet.
de la gaze, Gaze.
du crêpe, Trauerflor.
de la toile, Leinwand.
du coton, Baumwolle.
de la toile de coton, Kattun.
de l'indienne, Zitz.
de la mousseline, Nesseltuch.
de la batiste, Kammertuch.
de la toile cirée, Wachstuch.
du coutil, Zwillich.
de la futaine, Barchent.
de la flanelle, Flanell.
du ruban, Band.
du cordon, Schnur.
des dentelles, Spitzen.
un ballot, ein Ballen.

une caisse, eine Kiste.
le poids, das Gewicht.
la balance, die Wage.
un quintal, ein Zentner.
une livre, ein Pfund.
une once, eine Unze.
une demi-once, ein Loth.
la mesure, das Maß.
un pot, eine Kanne.
une pinte, eine Pinte.
une chopine, ein Schoppen.
un boisseau, ein Scheffel.
un arpent, ein Morgen.
une verge, eine Ruthe.

un pied, ein Fuß.
un pouce, ein Zoll.
une ligne, eine Linie.
une aune, eine Elle.
une douzaine, ein Dutzend.
une quinzaine, eine Mandel.
la monnaie, die Münze.
un louis, ein Louisd'or.
un ducat, ein Dukaten.
un écu, ein Thaler.
un florin, ein Gulden.
un gros, ein Groschen.
un sou, ein Stüber.
un denier, ein Heller.

22. Weibliche Beschäftigungen.

Une couturière, eine Näh=
terin.
la pelote, das Nadelkissen.
le métier, der Nährahmen.
la couture, die Naht.
l'ourlet, der Saum.
une épingle, eine Stecknadel.
une aiguille, eine Nähnadel.
la pointe, die Spitze.
le trou de l'aiguille, das Nä=
delöhr.
un aiguillier, un étui, eine
Nadelbüchse.
du fil, Zwirn, Garn.
une pelote de fil, ein Knäuel.
un écheveau, ein Strängchen.
le dé, der Fingerhut.
les ciseaux, die Scheere.
une marchande de modes,
eine Putzmacherin.
une coiffeuse, eine Hauben=
stickerin.
la coiffure, der Kopfputz.
une fileuse, eine Spinnerin.
le rouet, das Spinnrad.

la quenouille, der Rocken.
la bobine, die Spule.
le fuseau, die Spindel.
le lin, der Flachs.
un dévidoir, ein Haspel.
une blanchisseuse, une la-
vandière, eine Wäscherin.
la lessive, die Lauge.
le savon, die Seife.
une savonette, eine Seifen=
kugel.
une tache, ein Flecken.
de l'empois, Stärke.
un cuvier, eine Waschbütte.
une repasseuse, eine Büg=
lerin.
un fer à repasser, ein Bü=
geleisen.
une tricoteuse, eine Stricke=
rin.
une aiguille à tricoter, eine
Stricknadel.
une maille, eine Masche.
une brodeuse, eine Stickerin.
la broderie, die Stickerei.

23. Stände und Würden.

L'empereur, der Kaiſer.
l'impératrice, die Kaiſerin.
l'empire, das Reich.
le roi, der König.
la reine, die Königin.
le royaume, das Königreich.
le prince royal, der Kron=
prinz.
l'électeur, der Kurfürſt.
l'électrice, die Kurfürſtin.
l'électorat, das Kurfürſten=
thum.
l'archiduc, der Erzherzog.
le duc, der Herzog.
la duchesse, die Herzogin.
le duché, das Herzogthum.
le prince, der Fürſt.
la princesse, die Fürſtin.
la principauté, das Fürſten=
thum.
le comte, der Graf.
la comtesse, die Gräfin.
le comté, die Grafſchaft.
le baron, der Freiherr.
la baronne, die Freifrau.
un gentilhomme, ein Edel=
mann.
la noblesse, der Adel.
un chambellan, ein Kammer=
herr.
un chevalier, ein Ritter.
un ambassadeur, ein Geſand=
ter.
un conseiller, ein Rath.
le ministre, der Miniſter.

le gouverneur, der Statt=
halter.
le magistrat, der Magiſtrat.
un sénateur, ein Rathsherr.
le maire, der Schultheiß.
le bourgmestre, der Bürger=
meiſter.
le bailli, der Amtmann.
le président, der Präſident.
le juge, der Richter.
le procès, der Prozeß.
le demandeur, der Kläger.
le témoin, der Zeuge.
l'arrêt, la sentence, das Ur=
theil.
le témoignage, das Zeugniß.
un greffier, ein Gerichtsſchrei=
ber.
un clerc, ein Kanzelliſt.
l'huissier, der Gerichtsvoll=
zieher.
l'avocat, der Advokat.
le notaire, der Notar.
la police, die Polizei.
un prêtre, ein Prieſter.
un religieux, ein Mönch.
un curé, ein Pfarrer.
un chanoine, ein Domherr.
un abbé, ein Abt.
le prévôt, der Propſt.
un évêque, ein Biſchof.
un archevêque, ein Erzbi=
ſchof.
un cardinal, ein Kardinal.
le pape, der Papſt.

24. Krankheiten und Gebrechen.

Un défaut, ein Gebrechen.
un géant, ein Rieſe.
un nain, ein Zwerg.
un aveugle, ein Blinder.
un borgne, ein Einäugiger.
un myope, ein Kurzſichtiger.

avoir la vue basse, kurzſich=
tig ſein.
un sourd, ein Tauber.
un muet, ein Stummer.
un boiteux, ein Hinkender.
un estropié, ein Krüppel.

un paralytique, ein Lahmer.
un bossu, ein Buckeliger.
la bosse, der Buckel.
un bègue, ein Stammler.
un gaucher, Einer, der links
ist.
un manchot, ein Einhändiger.
des taches de rousseur, Som=
merflecken.
un cor au pied, ein Hühner=
auge.
un malade, ein Kranker.
la maladie, die Krankheit.
la faiblesse, die Schwäche.
la blessure, die Wunde.
une cicatrice, eine Narbe.
une balafre, eine Schramme.
une enflure, eine Geschwulst.
un ulcère, ein Geschwür.
le pus, der Eiter.
le vertige, der Schwindel.
l'évanouissement, die Ohn=
macht.
tomber évanoui, ohnmächtig
werden.
une indigestion, eine Unver=
daulichkeit.
les obstructions, die Ver=
stopfung.
le vomissement, das Er=
brechen.
la colique, die Kolik.
le hoquet, der Schlucken.
le rhume, der Schnupfen.
la toux, der Husten.
la coqueluche, der Keich=
husten.
une fluxion, ein Fluß.

un refroidissement, eine Er=
kältung.
la diarrhée, der Durchfall.
la dyssenterie, die rothe Ruhr.
l'épilepsie, die Fallsucht.
l'apoplexie, der Schlagfluß.
tomber en apoplexie, vom
Schlage gerührt werden.
la fièvre, das Fieber.
le pourpre, das Fleckfieber.
le frisson, der Schauer.
la consomption, die Schwind=
sucht.
l'hydropisie, die Wassersucht.
le spasme, der Krampf.
le cancer, der Krebs.
la gangrène, der kalte Brand.
la jaunisse, die Gelbsucht.
la goutte, die Gicht.
la petite vérole, die Blat=
tern.
la rougeole, die Masern.
la gale, die Krätze.
une hernie, ein Bruch.
la purgation, die Abführung.
la saignée, das Aderlassen.
le lavement, das Klystier.
la médecine, die Arznei.
le remède, das Mittel.
les drogues, die Arzneien.
la pilule, die Pille.
une ordonnance, ein Rezept.
le vésicatoire, das Zugpflaster.
le médecin, der Arzt.
le chirurgien, der Wundarzt.
le dentiste, der Zahnarzt.
l'apothicaire, der Apotheker.
la pharmacie, die Apotheke.

25. Eigen-Namen.

Adélaïde, Adelheid.
Albert, Albrecht.
Amélie, Amalia.
André, Andreas.
Antoine, Anton.

Antoinette, Antonia.
Arnaud, Arnold.
Auguste, August.
Babet, Lisette.
Barbe, Barbara.

Bénoît, Benedikt.
Cathérine, Katharina.
Charles, Karl.
Charlotte, Lottchen.
Chrétien, Christian.
Claire, Klara.
Clément, Klemens.
Édouard, Eduard.
Erneste, Ernst.
Étienne, Stephan.
Francois, Franz.
Frédéric, Friedrich.
Gaspard, Kaspar.
Geoffroi, Gottfried.
George, Georg.
Gérard, Gerhard.
Guillaume, Wilhelm.
Guillemette, Wilhelmine.
Hélène, Helena.
Henri, Heinrich.
Henriette, Henrica.

Jacques, Jakob.
Jean, Johann.
Jeannette, Hannchen.
Jérôme, Hieronymus.
Jules, Julius.
Julie, Julia.
Laure, Laura.
Laurent, Lorenz.
Louis, Ludwig.
Louise, Luise.
Marguérite, Margaretha.
Marie, Maria.
Matthieu, Matthäus.
Maurice, Moriz.
Michel, Michael.
Pierre, Peter.
Robert, Ruprecht.
Sophie, Sophia.
Thérèse, Therese.
Thibaut, Theobald.
Ulrice, Ulrich.

L'Europe, Europa.
l'Asie, Asia.
l'Afrique, Africa.
l'Amérique, America.
l'Allemagne, Deutschland.
un Allemand, ein Deutscher.
la France, Frankreich.
un Français, ein Franzose.
l'Angleterre, England.
un Anglais, ein Engländer.
l'Espagne, Spanien.
un Espagnol, ein Spanier.
le Portugal, Portugal.
un Portugais, ein Portugiese.
l'Italie, Italien.
un Italien, ein Italiener.
l'Autriche, Oestreich.
un Autrichien, ein Oestreicher.
la Prusse, Preußen.
un Prussien, ein Preuße.
la Saxe, Sachsen.

un Saxon, ein Sachse.
la Bavière, Baiern.
un Bavarois, ein Baier.
la Suisse, die Schweiz.
un Suisse, ein Schweizer.
la Hollande, Holland.
un Hollandais, ein Holländer.
la Suède, Schweden.
un Suédois, ein Schwede.
le Danemarc, Dänemark.
un Danois, ein Däne.
la Russie, Rußland.
un Russe, ein Russe.
la Pologne, Polen.
un Polonais, ein Pole.
l'Écosse, Schottland.
un Écossais, ein Schotte.
la Turquie, die Türkei.
un Turc, ein Türke.
les Indes, Indien.
un Indien, ein Indianer.

Aix-la-Chapelle, Aachen.
Anvers, Antwerpen.
Brunsvic, Braunschweig.
Bruxelles, Brüssel.
Bude, Ofen.
Coblence, Coblenz.
Cologne, Köln.
Florence, Florenz.
Francfort, Frankfurt.
Gênes, Genua.
Genève, Genf.
Hambourg, Hamburg.
Jène, Jena.
la Haye, Haag.
Leipzic, Leipzig.

Liège, Lüttich.
Lisbonne, Lissabon.
Londres, London.
Malines, Mecheln.
Mayence, Mainz.
Milan, Mailand.
Munich, München.
Naples, Neapel.
Prague, Prag.
Ratisbonne, Regensburg.
Spire, Speier.
Trèves, Trier.
Varsovie, Warschau.
Venise, Venedig.
Vienne, Wien.

---

le Danube, die Donau.
l'Escaut, die Schelde.
la Meuse, die Maas.

le Rhin, der Rhein.
la Tamise, die Themse.
la Vistule, die Weichsel.

26. Eigenschaftswörter.

Abominable, affreux, abscheu-
  lich.
hideux, scheußlich.
effroyable, horrible, schrecklich.
épouvantable, entsetzlich.
fier, orgueilleux, stolz.
arrogant, anmaßend.
hautain, hochmüthig.
insolent, übermüthig.
bourru, barsch.
brutal, grob.
colère, zornig.
ambitieux, ehrgeizig.
capricieux, eigensinnig.
entêté, têtu, starrköpfig.
opiniâtre, hartnäckig.
extravagant, närrisch.
fâché, bös, erzürnt.
enragé, wüthend.
effronté, unverschämt.
impudent, schamlos.
impétueux, ungestüm.
emporté, jähzornig.

étourdi, unbesonnen.
lâche, feige.
poltron, zaghaft.
craintif, furchtsam.
hardi, kühn.
courageux, muthig.
vaillant, tapfer.
téméraire, verwegen.
violent, heftig.
paresseux, faul.
assoupi, schläfrig.
oisif, müßig.
distrait, zerstreut.
mal-adroit, ungeschickt.
inconstant, unbeständig.
frivole, leichtfertig.
puéril, kindisch.
ennuyeux, langweilig.
fastidieux, lästig.
insipide, abgeschmackt.
gauche, linkisch.
imbécile, blödsinnig.
insupportable, unerträglich.
niais, einfältig.

nonchalant, indolent, läſſig, träg.

avare, geizig.

chiche, mesquin, farg.

prodigue, verſchwenderiſch.

méfiant, mißtrauiſch.

crédule, leichtgläubig.

moqueur, ſpöttiſch.

malin, boshaft.

malicieux, ſchalkhaft.

réservé, zurückhaltend.

rusé, liſtig.

propre, reinlich, ſauber.

malpropre, unreinlich.

sale, ſchmußig.

dégoûtant, efelhaft.

sauvage, wild.

privé, zahm.

domestique, häuslich.

sévère, ſtreng.

indulgent, nachſichtig.

dur, hart.

tendre, zart, mürbe.

mou, weich.

souple, geſchmeidig.

raide, ſteif.

vigoureux, fräftig.

fort, ſtarf.

faible, ſchwach.

fluet, ſchwächlich.

sain, geſund.

malsain, ungeſund.

malade, frank.

maladif, fränflich.

languissant, ſchmachtend.

indisposé, unpäßlich.

pâle, blême, bleich, blaß.

incurable, unheilbar.

maigre, mager.

gros, dick.

gras, fett.

menu, mince, dünn.

caduc, hinfällig.

fragile, gebrechlich.

sobre, mäßig, nüchtern.

goulu, gefräßig.

gourmand, unmäßig.

friand, leckerhaft.

ivre, trunfen.

civil, poli, höflich.

malhonnête, unhöflich.

lourd, plump, ſchwer.

lent, langſam.

obligeant, verbindlich.

humble, demüthig.

affable, freundlich.

prévenant, zuvorkommend.

officieux, dienſtfertig.

patient, geduldig.

sensible, empfindlich.

paisible, friedlich.

reconnaissant, erkenntlich.

loyal, ehrlich.

discret, verſchwiegen, beſchei= den.

docile, gelehrig.

appliqué, fleißig.

laborieux, arbeitſam.

habile, geſchickt.

instruit, unterrichtet.

savant, gelehrt.

éclairé, aufgeflärt.

éloquent, beredt.

expert, erfahren.

zélé, eifrig.

ignorant, unwiſſend.

négligent, nachläſſig.

franc, freimüthig.

ingénu, aufrichtig.

faux, falſch.

laid, vilain, häßlich, garſtig.

chauve, fahl.

nu, nackend.

difforme, unförmlich.

courbé, gebückt.

crochu, gefrümmt.

creux, hohl.

profond, tief.

vaste, weitläufig.

large, breit, weit.

étroit, eng, schmal.
rond, rund.
carré, viereckig.
court, kurz.
long, lang.
uni, platt, eben.
raboteux, holperig.
bigarré, bundscheckig.
plat, flach.
escarpé, steil.
désert, öde.
chaud, warm.
tiède, lau.
froid, kalt.
frais, frisch.
mûr, reif.
sec, trocken.
cru, roh, ungekocht.
coulant, fließend.
épais, dick, dicht.
salé, gesalzen.
fade, unschmackhaft.
aigre, sauer.
doux, süß.
amer, bitter.
succulent, saftig.
affamé, hungrig.
altéré, durstig.
rassasié, satt.
pesant, schwer.
léger, leicht.
moissis, schimmelig.
humide, feucht.
mouillé, naß.
gâté, verdorben.
vide, leer.
plein, rempli, voll.
affligé, betrübt.
bien-aise, froh.
content, zufrieden.
heureux, glücklich.
gai, munter.
joyeux, fröhlich.
triste, traurig.
étonné, erstaunt.

surpris, verwundert.
honteux, beschämt.
confus, verlegen.
dégoûté, überdrüssig.
désolé, trostlos.
inconsolable, untröstlich.
nuisible, schädlich.
dangereux, gefährlich.
douloureux, schmerzlich.
funeste, verderblich.
fâcheux, verdrießlich.
importun, lästig.
pénible, mühsam.
dispendieux, kostspielig.
important, wichtig.
pressant, dringend.
efficace, wirksam.
immense, unermeßlich.
énorme, ungeheuer.
infini, unendlich.
inoui, unerhört.
inconcevable, unbegreiflich.
vain, eitel.
volage, flatterhaft.
perfide, treulos.
ingrat, undankbar.
pétulant, muthwillig.
enclin, geneigt.
douteux, zweifelhaft.
lisible, leserlich.
visible, sichtbar.
vraisemblable, wahrscheinlich.
utile, nützlich.
avantageux, vortheilhaft.
préjudiciable, nachtheilig.
convenable, anständig.
étrange, seltsam.
inévitable, unvermeidlich.
enroué, heiser.
enflé, geschwollen.
engourdi, erstarrt.
glissant, glatt.
élégant, zierlich.
gentil, artig.
joli, hübsch.

coupable, schuldig.
innocent, unschuldig.
misérable, elend.
chétif, armselig.
naturel, natürlich.
artificiel, künstlich.
clair, hell, klar.
transparent, durchsichtig.
obscur, dunkel.
sombre, düster.
ouvert, offen.
fermé, geschlossen.

pauvre, arm.
riche, opulent, reich.
pointu, spitzig.
aigu, scharf.
tranchant, schneidend.
obtus, stumpf.
secret, heimlich.
public, öffentlich.
fertile, fruchtbar.
stérile, unfruchtbar.
prudent, klug.
stupide, dumm.

27. Zeitwörter.

Penser, denken.
réfléchir, überlegen.
considérer, bedenken, betrach=
ten.
parler, reden.
crier, schreien.
dire, sagen.
répéter, wiederholen.
déclarer, erklären.
se taire, schweigen.
causer, schwatzen.
babiller, plaudern.
raconter, erzählen.
demander, fragen.
répondre, antworten.
répliquer, erwiedern.
comprendre, begreifen.
se tromper, sich irren.
réfuter, widerlegen.
objecter, einwenden.
douter, zweifeln.
affirmer, bejahen.
prouver, beweisen.
assurer, versichern.
nier, verneinen.
avouer, gestehen.
soutenir, behaupten.
disputer, streiten.
consentir, einwilligen.
approuver, billigen.

louer, loben.
admirer, bewundern.
blâmer, tadeln.
croire, glauben.
savoir, wissen.
ignorer, nicht wissen.
connaître, kennen.
éviter, vermeiden.
s'imaginer, sich einbilden.
comparer, vergleichen.
imiter, nachahmen.
persuader, überreden.
convaincre, überzeugen.
reprocher, vorwerfen.
oublier, vergessen.
deviner, errathen.
se souvenir, sich erinnern.

vouloir, wollen.
désirer, verlangen.
souhaiter, wünschen.
aimer, lieben.
caresser, liebkosen.
flatter, schmeicheln.
embrasser, umarmen.
baiser, küssen.
espérer, hoffen.
réjouir, erfreuen.
donner, geben.
remercier, danken.

estimer, schätzen.
honorer, ehren.
mépriser, verachten.
dédaigner, geringschätzen.
haïr, hassen.
offenser, beleidigen.
insulter, beschimpfen.
persécuter, verfolgen.
se fâcher, böse werden.
gronder, schmälen.
quereller, zanken.
se brouiller, sich entzweien.
bouder, schmollen.
s'emporter, zornig werden.
braver, trotzen.
mentir, lügen.
céler, verhehlen.
jurer, schwören.
punir, strafen.
châtier, züchtigen.
apaiser, besänftigen.
battre, schlagen.
maltraiter, mißhandeln.
pleurer, weinen.
soupirer, seufzen.
sanglotter, schluchzen.
consoler, trösten.
regretter, bedauern.
se repentir, bereuen.
se corriger, sich bessern.
se reconcilier, sich aussöhnen.
demander pardon, um Ver-
    zeihung bitten.
pardonner, verzeihen.
excuser, entschuldigen.
venger, rächen.
railler, scherzen.
rire, lachen.

———

vivre, leben.
sentir, fühlen, riechen.
toucher, berühren.
goûter, kosten, schmecken.
voir, sehen.
regarder, ansehen.

entendre, hören.
écouter, zuhören.
croître, wachsen.
mouvoir, bewegen.
aller, marcher, gehen.
sortir, ausgehen.
retourner, zurückkehren.
rencontrer, begegnen.
suivre, folgen.
se dépêcher, eilen.
courir, laufen.
échapper, entlaufen.
sauter, springen.
glisser, glitschen, gleiten.
broncher, stolpern.
tomber, fallen.
se relever, wieder aufstehen.
danser, tanzen.
jouer, spielen.
monter, hinaufsteigen.
grimper, klettern.
descendre, herabsteigen.
être debout, stehen.
être assis, sitzen.
s'asseoir, sich setzen.
se coucher, sich niederlegen.
se reposer, ausruhen.
dormir, schlafen.
someiller, schlummern.
rêver, songer, träumen.
ronfler, schnarchen.
s'éveiller, aufwachen.
se lever, aufstehen.
s'habiller, sich ankleiden.

———

manger, essen.
boire, trinken.
avoir faim, hungern.
avoir soif, dürsten.
déjeûner, frühstücken.
dîner, zu Mittag essen.
souper, zu Nacht essen.
mâcher, kauen.
avaler, verschlucken.
digérer, verdauen.

jeûner, faſten.
régaler, bewirthen.
mettre le couvert, den Tiſch
  decken.
servir, auftragen.
couper, trancher, zerſchneiden.
entamer, anſchneiden.
desservir, abtragen.
ôter, wegnehmen.
s'enivrer, ſich betrinfen.
allumer, anzünden.
fumer, rauchen.
cracher, ſpeien.
éternuer, nieſen.
bâiller, gähnen.
souffler, blaſen.
siffler, pfeifen.
se moucher, ſich ſchnäuzen.
tousser, huſten.
suer, transpirer, ſchwitzen.
essuyer, abtrocknen.
gratter, fraßen.
lécher, lecken.
chatouiller, fißeln.
pincer, fneipen.
se baisser, ſich bücken.
frémir, ſchaudern.
trembler, zittern.

lier, binden.
délier, auflöſen.
attacher, anbinden.
détacher, losbinden.
atteler, anſpannen.
tirer, ziehen.
traîner, ſchleppen.
montrer, zeigen.
présenter, überreichen.
prendre, nehmen.
accepter, annehmen.
refuser, verweigern.
recevoir, empfangen.
déchirer, zerreißen.
rompre, zerbrechen.
briser, zerſtücken.

fendre, ſpalten.
piquer, ſtechen.
gâter, verderben.
jeter, werfen, wegwerfen.
ramasser, aufheben.
perdre, verlieren.
chercher, ſuchen.
trouver, finden.
cacher, verbergen.
couvrir, zudecken.
découvrir, aufdecken.
salir, beſchmutzen.
nettoyer, ſäubern.
balayer, fehren.
frotter, reiben.
porter, tragen.
apporter, bringen.
mener, führen.
amener, mitbringen.
voyager, reiſen.
partir, abreiſen.
arriver, anfommen.
sonner, flingeln.
ouvrir, öffnen.
entrer, hineingehen.
fermer, ſchließen.

marchander, handeln.
étaler, ausframen.
surfaire, überfordern.
coûter, foſten.
commander, beſtellen.
envoyer, ſchicken.
renvoyer, zurückſchicken.
vendre, verfaufen.
rendre compte, Rechnung
  ablegen.
dédommager, entſchädigen.
acheter, faufen.
payer, bezahlen.
prêter, leihen.
emprunter, entlehnen.
rendre, wiedergeben.
faire crédit, borgen.
accorder, bewilligen.

débourser, ausgeben.
avancer, vorschießen.
rembourser, wieder bezahlen.
bonifier, vergüten.
troquer, tauschen.
empaqueter, einpacken.
dépaqueter, auspacken.
envelopper, einwickeln.
gagner, gewinnen.
tromper, betrügen.
voler, stehlen.
dérober, entwenden.

étudier, studiren.
apprendre, lernen.
apprendre par coeur, auswendig lernen.
désapprendre, verlernen.
lire, lesen.
épeler, buchstabieren.
compter, chiffrer, rechnen.
sommer, zusammenrechnen.
additionner, addiren.
soustraire, subtrahiren.
multiplier, multipliziren.
diviser, dividiren.
déduire, abziehen.
écrire, schreiben.
griffonner, kritzeln.
barbouiller, schmieren.
copier, abschreiben.
mettre au net, ins Reine bringen.
signer, unterschreiben.
dicter, diktiren.
plier, zusammenlegen.
plisser, falten.
cacheter, versiegeln.
rayer, ausstreichen.
effacer, auswischen.
raturer, auskratzen.
enseigner, unterrichten, lehren.
expliquer, erklären.
réciter, hersagen.
traduire, übersetzen.
commencer, anfangen.

continuer, fortfahren.
cesser, aufhören.
achever, vollenden.
finir, endigen.
pouvoir, können.
travailler, arbeiten.
peindre, malen.
teindre, färben.
tremper, eintauchen.
dessiner, zeichnen.

broder, sticken.
tricoter, stricken.
coudre, nähen.
ourler, säumen.
enfiler, einfädeln.
filer, spinnen.
dévider, abhaspeln.
laver, waschen.
blanchir, bleichen.
repasser, bügeln.
cuire, kochen.
rôtir, braten.
bouillir, sieden.
forger, schmieden.
peser, wägen.
brasser, brauen.
tuer, schlachten, tödten.
bâtir, bauen.
semer, säen.
cueillir, pflücken.
planter, pflanzen.
arroser, begießen.
enter, pfropfen.
moissonner, ärnten.
battre le blé, dreschen.

hennir, wiehern.
mugir, brüllen.
aboyer, bellen.
bêler, blöken.
grogner, grunzen.
hurler, heulen.
chanter, singen.
bourdonner, sumsen.
coasser, quaken.
fredonner, zwitschern.

28. Umstandswörter.

D'abord, zuerst, anfänglich.
auparavant, vorher.
ensuite, après, nachher.
ensemble, zusammen.
tour à tour, wechselweise.
enfin, endlich.
où, wo, wohin.
ici, hier.
là, dort, da.
ça et là, hin und her.
ailleurs, anderswo.
dessus, oben, darüber.
dessous, unten, darunter.
dedans, darin, drinnen.
dehors, draußen.
alentour, rings herum.
partout, überall.
nulle part, nirgends.
en haut, hinauf, herauf.
en bas, hinunter, herunter.
quelque part, irgendwo.
alors, alsdann, damals.
autrefois, ehemals, sonst.
déjà, schon, bereits.
souvent, oft.
quelquefois, manchmal, bis=
    weilen.
à l'avenir, inskünftige.
désormais, dès à présent,
    von nun an.
toujours, immer.
jamais, nie, niemals, je.
bientôt, bald.
aussitôt, sogleich.
tard, spät.
tôt, früh; plus tôt, früher.
maintenant, à présent, jetzt,
    nun.
jadis, vor Alters, einst.
tout à l'heure, augenblicklich.
vite, geschwind, hurtig.
tout de suite, sogleich.
sur le champ, auf der Stelle.

puis, hernach.
hier, gestern.
hier au soir, gestern Abends.
avant-hier, vorgestern.
aujourd'hui, heute.
demain, morgen.
demain matin, morgen früh.
demain au soir, morgen
    Abends.
après-demain, übermorgen.
à   recht.
mal   zur Unzeit.
assez, genug, ziemlich.
trop, zu viel, zu sehr.
peu, wenig.
peu à peu, nach und nach.
beaucoup, viel, sehr.
très, fort, sehr.
plus, davantage, mehr.
tout au plus, höchstens.
moins, weniger.
au moins, zum wenigsten.
du moins, wenigstens.
tant, autant, so viel, so sehr.
si, aussi, so.
presque, à peu près, beinahe.
environ, ungefähr.
tout, ganz, Alles.
tout à fait, gänzlich.
seulement, nur, bloß.
bien, gut, gern, sehr.
mieux, besser.
tant mieux, desto besser.
mal, übel, schlecht.
pis, ärger, schlimmer.
tant pis, desto schlimmer.
plutôt, lieber, vielmehr.
doucement, sachte.
volontiers, gern.
à regret, ungern.
à dessein, mit Vorsatz.
par hasard, zufällig.
par mégarde, aus Versehen.

2*

à souhait, nach Wunsch.
en secret, heimlich.
sans doute, ohne Zweifel.
en effet, in der That.
au contraire, im Gegentheil.
à peine, kaum.
peut-être, vielleicht.
tout à coup, auf einmal.

pêle-mêle, durch einander.
assurément, sicherlich.
si fait, doch wohl.
point du tout, gar nicht.
pas encore, noch nicht.
rien, nichts.
rien du tout, gar nichts.

29. Verhältnißwörter.

Chez, auprès, bei.
près, nahe.
dans, en, in.
avant, devant, vor.
derrière, hinter.
sous, unter.
sur, über, auf.
vers, envers, gegen.
loin, weit.
à côté, neben.
vis-à-vis, gegenüber.
à cause, wegen.
autour, um, herum.
au lieu, statt, anstatt.
au milieu, mitten.
à l'égard, in Betreff.
à l'insu, ohne Wissen.
au travers, mitten durch.
moyennant, vermittelst.

au devant, entgegen.
en-deça, diesseits.
au-delà, jenseits.
hors, außer, außerhalb.
après, nach.
avec, mit.
depuis, seit.
entre, parmi, zwischen, unter.
touchant, betreffend.
malgré, wider Willen.
nonobstant, ungeachtet.
sans, ohne.
outre, außer, über.
pour, für, um.
par, durch.
selon, suivant, nach, gemäß.
contre, wider, gegen.
pendant, während.
jusque, bis.

30. Bindewörter.

Ou, oder.
ou...ou, entweder...oder.
ni...ni, weder...noch.
aussi, auch.
non plus, auch nicht.
ou bien, oder auch.
mais, aber, sondern.
néanmoins, nichts desto we=
    niger.
cependant, unterdessen, jedoch.
pourtant, doch, dennoch.
toutefois, gleichwohl, jedoch.
si, wenn, ob.

si non, wo nicht, wofern.
pourvu que, wenn nur.
à moins que, wenn anders
    nicht; es sei denn, daß.
quand même, wenn auch,
    wenn selbst.
non pas que, nicht, als ob.
quoique, bien que, encore
    que, obgleich, obschon, wie=
    wohl.
c'est-à-dire, nämlich.
comme, wie, als, da.
de même que, eben so, wie.

outre que, außer, daß.

d'ailleurs, überdies, außerdem.

car, denn.

parce que, puisque, weil.

pourquoi? warum?

c'est pourquoi, deßwegen.

c'est que, das macht, die Ur=
sache ist, daß —.

ce n'est pas que, nicht, als
wenn.

si ce n'est que, es sei denn,
daß —.

afin que, damit.

ainsi, also, daher.

donc, also, denn.

par conséquent, folglich.

lorsque, als, da.

pendant que, tandis que,
während daß.

tant que, so lange, als.

avant que, ehe, bevor.

dès que, aussitôt que, sobald,
als.

après que, nachdem.

———◦◦◦———

Zweite Abtheilung.

Leichte Redensarten des geselligen Umgangs.

1. Um zu bitten.

Dites-moi, s'il vous plaît. Sagen Sie mir gefälligst.

ayez la bonté de me dire. Haben Sie die Güte, mir zu
sagen.

oserais-je vous prier de me dürfte ich Sie bitten, mir zu
dire? sagen?

j'ai une prière à vous faire. ich habe eine Bitte an Sie.

voudriez-vous me rendre un wollen Sie mir einen Dienst
service? erweisen?

voudriez-vous m'accorder un wollen Sie mir einen Augen=
moment d'entretien? blick Gehör geben?

faites-moi ce plaisir. machen Sie mir das Ver=
gnügen.

faites-moi cette amitié. erzeigen Sie mir diese Freund=
schaft.

ayez cette complaisance pour haben Sie die Gefälligkeit für
moi. mich.

je vous en prie. ich bitte Sie darum.

je vous prie instamment. ich bitte Sie inständigst.

ne refusez pas ma prière. schlagen Sie mir meine Bitte
nicht ab.

vous m'obligeriez beaucoup.	Sie würden mich sehr verbinden.
je vous en saurai gré toute ma vie.	ich werde es Ihnen lebenslänglich Dank wissen.
vous ne sauriez me faire un plus grand plaisir.	Sie könnten mir kein größeres Vergnügen machen.
comptez sur ma reconnaissance.	rechnen Sie auf meine Erkenntlichkeit.

2. Um einzuwilligen.

D'accord! soit!	Es sei! so sei es!
volontiers; pourquoi pas?	gern; warum nicht?
assurément.	ganz gewiß.
à la bonne heure.	das laß' ich gelten.
j'y consens; je le veux bien.	ich gehe es ein; ich bin's zufrieden.
avec grand plaisir.	mit vielem Vergnügen.
de tout mon coeur.	herzlich gern.
vous n'avez qu'à dire.	Sie dürfen nur befehlen.
je suis à vos ordres.	ich stehe zu Befehl.
vous en êtes le maître.	Sie haben zu befehlen.
je serai toujours prêt à vous servir.	ich stehe immer zu Diensten.
vous pouvez disposer de moi.	Sie können über mich verfügen.
je suis charmé de pouvoir vous être utile.	es freut mich, Ihnen nützlich sein zu können.
tout comme il vous plaira.	wie es Ihnen beliebt.
je ne m'y oppose pas.	ich habe nichts dagegen.
je n'ai rien à vous refuser.	ich kann Ihnen nichts abschlagen.
je suis tout à vous.	ich bin ganz der Ihrige.
reposez-vous sur moi.	verlassen Sie Sich auf mich.
vous pouvez y compter.	Sie können darauf rechnen.
j'y ferai tous mes efforts.	ich werde mein Aeußerstes thun.

3. Um zu danken.

Merci! grand merci!	Dank! großen Dank!
bien obligé.	sehr verbunden.
je vous remercie.	ich danke Ihnen.
je vous rends grâces.	ich danke gehorsamst.
j'ai l'honneur de vous remercier.	ich habe die Ehre, mich gehorsamst zu bedanken.

je vous suis infiniment obligé.	ich bin Ihnen unendlich verbunden. —
je l'accepte avec reconnaissance.	ich nehme es mit Dank an.
à revanche!	auf Wiedervergeltung!
vous êtes bien bon. vous avez bien de la bonté.	}Sie sind sehr gütig.
vous avez trop de bonté.	Sie sind allzu gütig.
vous êtes bien honnête.	Sie sind sehr artig.
vous me comblez d'honnêtetés.	Sie überhäufen mich mit Artigkeiten.
vous êtes fort obligeant.	Sie sind sehr gefällig.
vous me rendez confus.	Sie machen mich ganz verlegen.
je suis bien sensible à votre bonté.	ich weiß Ihre Güte zu schätzen.
permettez que je vous en témoigne ma vive reconnaissance.	erlauben Sie mir, Ihnen meine ganze Erkenntlichkeit dafür zu bezeigen.
je ne saurais assez vous en remercier.	ich kann Ihnen nicht genug dafür danken.
c'est une nouvelle preuve de votre amitié.	das ist ein neuer Beweis Ihrer Freundschaft.
je ne pourrai Jamais m'acquitter envers vous.	ich kann es Ihnen nie vergelten.
procurez-moi l'occasion de vous rendre la pareille.	verschaffen Sie mir Gelegenheit, Ihnen Gegendienste zu erweisen.

4. Um eine Bitte abzuschlagen.

Cela ne se peut pas.	Das kann nicht sein.
cela m'est impossible.	das ist mir unmöglich.
j'en suis fâché, mais je ne puis pas le faire.	es thut mir leid, allein ich kann es nicht thun.
ce n'est pas ma faute.	es ist meine Schuld nicht.
je n'en suis pas la cause.	ich kann nichts dafür.
cela ne dépend pas de moi.	das hängt nicht von mir ab.
cela ne me regarde pas.	das geht mich nichts an.
je ne me mêle pas de ces affaires.	ich mische mich in diese Dinge nicht.
je vous prie de m'en dispenser.	verschonen Sie mich gefälligst damit.
je me garderai bien de faire une chose semblable.	ich werde mich hüten, so etwas zu thun.
cela sera pour une autre fois.	auf ein ander Mal.

avec la meilleure volonté du monde je ne pourrais le faire.	ich könnte es mit dem besten Willen von der Welt nicht thun.
je regrette de ne pouvoir vous rendre ce service.	ich bedaure, daß ich Ihnen hierin nicht dienen kann.
prenez la volonté pour le fait.	nehmen Sie mit dem guten Willen fürlieb.
excusez-moi, je vous prie.	ich bitte, entschuldigen Sie mich.
je vous demande bien pardon.	ich bitte sehr um Vergebung.
ne vous fâchez pas.	werden Sie nicht böse.
je n'en ai jamais eu l'idée.	das ist mir nie eingefallen.
ne m'en voulez pas pour cela.	seien Sie deßwegen nicht böse auf mich.
on ne s'avise jamais de tout.	man kann nicht an Alles denken.
ce qui est fait, est fait.	geschehene Dinge sind nicht zu ändern.

5. Um etwas zu versichern.

Certainement.	Gewiß.
vous y êtes.	so ist es.
cela est vrai.	das ist wahr.
cela n'est que trop vrai.	das ist nur zu wahr.
c'est la vérité.	es ist die Wahrheit.
oui, en vérité.	ja, wahrhaftig.
c'est un fait.	die Sache ist gewiß.
je suis sûr de mon fait.	ich bin meiner Sache gewiß.
j'en suis sûr et certain.	ich bin dessen ganz gewiß.
je l'ai vu de mes propres yeux.	ich habe es mit eigenen Augen gesehen.
je l'ai entendu de mes propres oreilles.	ich habe es mit eigenen Ohren gehört.
tout le monde vous le dira.	Jedermann wird es Ihnen sagen.
sans contredit; bien sûr.	ganz gewiß.
vous pouvez y ajouter foi.	Sie dürfen es glauben.
soyez-en bien persuadé.	seien Sie davon überzeugt.
vous pouvez m'en croire.	Sie können mir es glauben.
il n'y a pas de doute.	es ist kein Zweifel daran.
je vous en réponds.	ich stehe Ihnen dafür.
je vous en donne ma parole.	ich gebe Ihnen mein Wort darauf.

ma parole d'honneur!	auf mein Ehrenwort!
en conscience.	auf Treue und Gewissen.
je vous le jure.	ich schwöre es Ihnen.
aussi vrai que j'existe!	so wahr ich lebe!

6. Um zu verneinen und zu bezweifeln.

Non, point du tout.	Nein, ganz und gar nicht.
je dis que non.	ich sage Nein.
cela ne dit rien.	das will nichts sagen.
il n'en est rien.	es ist nichts an der Sache.
cela n'est pas vrai.	das ist nicht wahr.
cela est faux.	das ist falsch.
ce sont des paroles en l'air.	das sind Worte in den Wind.
c'est un mensonge.	es ist eine Lüge.
c'est une calomnie.	es ist eine Verleumdung.
vous voulez m'en imposer.	Sie wollen mir etwas aufbinden.
vous m'en faites accroire.	Sie machen mir etwas weis.
c'est un conte.	das ist ein Mährchen.
c'est bon pour rire.	das ist zum Lachen.
je parie le contraire.	ich wette das Gegentheil.
est-il vrai?	ist es wahr?
serait-il possible?	wäre es möglich?
parlez-vous sérieusement?	sprechen Sie im Ernst?
ne vous trompez-vous pas?	irren Sie Sich nicht?
vous êtes dans l'erreur.	Sie sind im Irrthum.
j'en doute.	ich zweifle daran.
j'ai de la peine à le croire.	ich habe Mühe, es zu glauben.
je n'en crois rien.	ich glaube es nicht.
vous plaisantez.	Sie scherzen.
à d'autres.	das machen Sie Andern weis.
cela est incroyable.	das ist unglaublich.
c'est inoui.	es ist unerhört.
cela me passe.	das ist mir zu rund.

7. Um Bewunderung und Freude zu bezeigen.

Voilà qui est beau!	Das ist schön!
c'est de toute beauté!	das ist wunderschön!
c'est superbe!	das ist prächtig!
à merveille!	vortrefflich!
c'est charmant!	das ist allerliebst!
c'est délicieux!	das ist köstlich!
c'est étonnant!	das ist erstaunlich!
quelle magnificence!	welche Pracht!

on n'a rien vu de plus beau.	es gibt nichts Schöneres.
on ne s'en fait pas d'idée.	man kann sich keinen Begriff davon machen.
c'est inexprimable.	es ist unbeschreiblich.
c'est au dessus de tout éloge.	es übertrifft alles Lob.
quel plaisir! quelle joie!	welch Vergnügen! welche Freude!
quel bonheur inattendu!	welch unerwartetes Glück!
que je suis content!	wie froh bin ich!
que je suis heureux!	wie glücklich bin ich!
j'en suis ravi, enchanté.	ich bin entzückt, bezaubert davon.
cela me fait bien du plaisir.	das macht mir viel Vergnügen.
je n'ai plus rien à désirer, à souhaiter.	es bleibt mir nichts zu wünschen übrig.
mon bonheur est parfait.	mein Glück ist vollkommen.

8. Um Verdruß zu bezeigen.

Quel malheur!	Welch ein Unglück!
que je suis malheureux!	wie unglücklich bin ich!
tout me contrarie aujourd'hui.	Alles steht mir heut im Wege.
je ne suis pas bien disposé.	ich bin nicht gut gestimmt.
je m'ennuie.	ich habe Langeweile.
je suis bien affligé.	ich bin sehr betrübt.
je suis désolé.	ich bin trostlos.
je suis au désespoir.	ich bin in Verzweiflung.
je n'y tiens plus.	ich halte es nicht länger aus.
c'est la misère aujourd'hui.	das ist ein Elend heut zu Tage.
cela m'est très sensible.	das ist mir sehr empfindlich.
cela me fâche beaucoup.	das ist mir sehr ärgerlich.
cela me fait beaucoup de peine.	das thut mir sehr leid.
j'en ai bien du chagrin.	es macht mir vielen Kummer.
j'en suis inconsolable.	ich bin untröstlich darüber.
je perds patience.	ich verliere die Geduld.
tout est perdu.	Alles ist verloren.
c'en est fait de moi.	es ist um mich geschehen.
je suis ruiné sans ressource.	ich bin ohne Hülfe verloren.
tout semble conspirer contre moi.	Alles scheint gegen mich verschworen.

le bonheur n'est plus fait pour moi.	das Glück ist nicht mehr für mich.

9. Um zu fragen, um Rath zu fragen.

Comment dites-vous?	Was sagen Sie?
plaît-il?	wie beliebt?
de quoi parlez-vous?	wovon sprechen Sie?
que voulez-vous dire?	was wollen Sie sagen?
qu'entendez-vous par là?	was verstehen Sie darunter?
que souhaitez-vous?	was wünschen Sie?
que désirez-vous?	was verlangen Sie?
à quel propos dites-vous cela?	warum sagen Sie das?
qu'en pensez-vous?	was halten Sie davon?
que vous en semble?	was däucht Ihnen davon?
qu'y a-t-il à faire?	was ist da zu thun?
que me conseillez-vous de faire?	was rathen Sie mir, zu thun?
quel parti prendre?	was soll ich thun?
comment remédier à cela?	wie soll man dieses wieder gut machen?
comment me tirer de là?	wie soll ich mich da heraus= ziehen?
quel est votre avis?	was meinen Sie?
que feriez-vous à ma place?	was würden Sie an meiner Stelle thun?
je ne sais qu'y faire.	ich weiß nicht, was ich dabei thun soll.
vous avez mal choisi votre temps.	Sie haben Ihre Zeit schlecht gewählt.
il faut prendre patience.	Sie müssen Sich gedulden.
il faut considérer une chose.	Sie müssen Eins bedenken.
il me vient une idée.	es fällt mir etwas ein.
laissez-moi faire.	lassen Sie mich machen.
c'est une bonne pensée.	das ist ein guter Gedanke.
je suis de votre avis.	ich bin Ihrer Meinung.

10. Gehen, kommen.

Où allez-vous?	Wo gehen Sie hin?
je vais à l'église.	ich gehe in die Kirche.
je rentre chez moi.	ich gehe nach Hause.
d'où venez-vous?	wo kommen Sie her?

je viens de la promenade.	ich komme vom Spaziergange.
je sors de chez vous.	ich komme so eben von Ihrem Hause.
entrez!	herein! kommen Sie herein!
n'allez pas si vite, ne courez pas tant.	gehen Sie nicht so geschwind, laufen Sie nicht so sehr.
vous êtes tout essoufflé.	Sie sind ganz außer Athem.
reprenez haleine.	schöpfen Sie Athem.
arrêtez! attendez un moment.	halten Sie still! warten Sie einen Augenblick.
je ne saurais vous suivre.	ich kann Ihnen nicht nachkommen.
allez plus doucement.	gehen Sie langsamer.
reposez-vous un peu.	ruhen Sie ein wenig aus.
je vais avec vous.	ich gehe mit.
suivez-moi.	folgen Sie mir.
venez par ici; passez par là.	kommen Sie hieher; gehen Sie dahin.
avancez; approchez.	vorwärts; kommen Sie näher.
allez tout droit.	gehen Sie gerade aus.
détournez à main droite.	wenden Sie Sich rechts.
traversez le jardin.	gehen Sie durch den Garten.
restez là, demeurez là.	bleiben Sie da stehen.
ne bougez pas de là.	gehen Sie nicht von der Stelle.
montez; descendez.	gehen Sie hinauf; gehen Sie hinunter.
revenez bientôt; ne restez pas longtemps.	kommen Sie bald wieder; bleiben Sie nicht lange aus.
ne vous faites pas attendre.	lassen Sie nicht auf Sich warten.
reculez un peu; retirez-vous.	gehen Sie ein wenig zurück; ziehen Sie Sich zurück.
passez votre chemin.	gehen Sie Ihres Weges.
faites place; laissez-moi passer.	machen Sie Platz; lassen Sie mich vorbei.
allez-vous-en; va-t'en!	gehen Sie weg; fort!

11. Sprechen, schwatzen.

A qui parlez-vous?	Mit wem sprechen Sie?
est-ce à moi que vous parlez?	sprechen Sie mit mir?

parlez haut.	sprechen Sie laut.
vous parlez trop bas.	Sie sprechen zu leise.
que ne parliez-vous plus tôt?	warum sprachen Sie nicht eher?
vous parlez à tort et à travers.	Sie sprechen in den Tag hinein.
ne m'en parlez pas.	sprechen Sie mir nicht davon.
je ne veux pas en entendre parler.	ich will nichts davon hören.
parlez raison.	reden Sie vernünftig.
voilà ce qui s'appelle parler!	das heiß' ich reden!
la chose parle d'elle-même.	die Sache spricht von selbst.
causons un peu.	schwatzen wir ein wenig.
vous ne faites que jaser toute la journée.	Ihr plaudert den ganzen Tag.
vous m'étourdissez de votre bavardage.	Ihr betäubt mich mit Eurem Geschwätz.
vous me déchirez les oreilles.	Ihr plaudert mir die Ohren voll.
vous me rompez la tête.	Ihr macht mir Kopfweh.
oh, le bavard! la bavarde!	o der Schwätzer! die Plaudertasche!
que me chantez-vous là?	was plaudert Ihr mir da vor?
taisez-vous!	schweigt! seid still!
chut! silence! paix!	stille!

12. Essen, trinken, schlafen.

J'ai faim.	Ich habe Hunger; mich hungert.
j'ai grand' faim.	mich hungert sehr.
j'ai de l'appétit.	ich habe Appetit.
je me sens de l'appétit.	ich fühle, daß ich Appetit habe.
je suis encore à jeun.	ich bin noch nüchtern.
je n'ai encore rien pris.	ich habe noch nichts genossen.
j'ai soif.	ich habe Durst; mich dürstet.
j'ai grand' soif.	mich dürstet sehr.
je voudrais bien boire un coup.	ich möchte gern einmal trinken.
donnez-moi à boire.	geben Sie mir zu trinken.
donnez-moi un verre d'eau, un verre de lait coupé.	geben Sie mir ein Glas Wasser, ein Glas Wasser und Milch.

versez-moi un verre de vin, un verre de bière.	schenken Sie mir ein Glas Wein ein, ein Glas Bier.
je suis bien las, bien fatigué.	ich bin sehr müde, sehr ermüdet.
je n'en puis plus.	ich kann nicht mehr.
j'ai sommeil.	ich habe Schlaf; mich schläfert.
je suis tout assoupi.	ich bin ganz schläfrig.
je voudrais être au lit.	ich wollte, daß ich zu Bette wäre.
je vais me coucher.	ich gehe schlafen.
j'ai bien dormi.	ich habe gut geschlafen.
j'ai assez mal dormi.	ich habe ziemlich schlecht geschlafen.
je n'ai fait que sommeiller.	ich habe nur geschlummert.
je n'ai pas pu m'endormir.	ich habe nicht einschlafen können.
je n'ai pas pu fermer l'oeil de la nuit.	ich habe die ganze Nacht kein Auge zugethan.
je me suis réveillé avec le jour.	ich bin bei Tagesanbruch aufgewacht.

13. Anziehen und ausziehen.

N'êtes-vous pas encore habillé?	Sind Sie noch nicht angekleidet?
habillez-vous promptement.	ziehen Sie Sich schleunig an.
il faut que je me rase.	ich muß mich barbieren.
il faut que je fasse couper mes cheveux.	ich muß mir die Haare abschneiden lassen.
vous ne peignez pas vos cheveux.	Sie kämmen Ihre Haare nicht aus.
lavez vos mains et votre visage.	waschen Sie Hände und Gesicht.
vos mains sont très sales.	Ihre Hände sind sehr schmutzig.
essuyez-les avec cet essuie-main.	trocknen Sie sie mit diesem Handtuche.
avez-vous coupé vos ongles?	haben Sie Ihre Nägel abgeschnitten?
voici une chemise propre.	hier ist ein reines Hemde.
avez-vous ciré mes bottes?	haben Sie meine Stiefel gewichst?
nettoyez mes souliers.	putzen Sie meine Schuhe.
mes bas sont troués.	meine Strümpfe sind durchlöchert.

vous avez mis vos bas à l'envers.	Sie haben Ihre Strümpfe verkehrt angezogen.
brossez votre habit.	bürsten Sie Ihren Rock aus.
mettez votre pantalon.	ziehen Sie Ihre Hosen an.
vous n'avez pas boutonné votre gilet.	Sie haben Ihre Weste nicht zugeknöpft.
déshabillez-vous.	kleiden Sie Sich aus.
ôtez vos souliers et vos bas.	ziehen Sie Ihre Schuhe und Strümpfe aus.
aidez-moi à tirer mon habit.	helfen Sie mir meinen Rock ausziehen.
voulez-vous votre robe de chambre?	wollen Sie Ihren Schlafrock?
apportez mes pantoufles.	bringt meine Pantoffeln.
dépêchez-vous de vous déshabiller.	machen Sie, daß Sie Sich ausziehen.
je suis déshabillé.	ich bin ausgekleidet.

14. Lesen und schreiben.

Que lisez-vous?	Was lesen Sie?
je lis les journaux.	ich lese die Zeitungen.
où avez-vous lu cela?	wo haben Sie das gelesen?
je l'ai lu dans les feuilles publiques.	ich habe es in den öffentlichen Blättern gelesen.
nous lisons toujours à haute voix.	wir lesen immer laut.
continuez de lire.	fahren Sie fort, zu lesen.
j'ai lu cet ouvrage tout entier.	ich habe dieses Werk ganz gelesen.
je l'ai lu d'un bout à l'autre,	ich habe es ganz durchgelesen.
mon frère n'a fait que le parcourir.	mein Bruder hat es nur durchblättert.
vous êtes toujours à lire.	Sie lesen beständig.
vous êtes toujours collé sur vos livres.	Sie sitzen beständig über den Büchern.
votre frère lit aussi bien que vous.	Ihr Bruder lies't eben so gut, als Sie.
il sait parfaitement bien lire.	er kann vollkommen gut lesen.
souhaitez-vous une plume?	wünschen Sie eine Feder?
ayez la bonté de m'en tailler une.	haben Sie die Güte, mir eine zu schneiden.
celle-ci est bonne, essayez-la.	diese ist gut, versuchen Sie dieselbe.

elle est trop fine.	sie ist zu fein.
la pointe est émoussée.	die Spitze ist stumpf.
il faut y retoucher.	man muß sie ausbessern.
tenez bien votre plume.	halten Sie Ihre Feder gut.
tenez-la comme cela.	halten Sie sie so.
posez le bras gauche sur la table.	legen Sie den linken Arm auf den Tisch.
prêtez-moi une feuille de papier.	leihen Sie mir ein Blatt Papier.
l'encre est trop épaisse.	die Dinte ist zu dick.
jettez celle qui est dans l'encrier.	schütten Sie die aus, welche im Dintenfasse ist.
en voici d'autre.	hier ist andere.
qu'écrivez-vous?	was schreiben Sie?
je réponds à une lettre.	ich beantworte einen Brief.
ceci n'est qu'un brouillon.	dies ist nur ein Entwurf.
je le mettrai plus tard au net.	ich schreibe ihn später ins Reine.
vous n'écrivez pas droit.	Sie schreiben nicht gerade.
effacez ce mot.	streichen Sie dieses Wort aus.
vous écrivez de pis en pis.	Sie schreiben immer schlechter.
serrez un peu plus votre écriture.	schreiben Sie ein wenig gedrängter.
c'est écrit à la hâte.	das ist in der Eile geschrieben.
c'est un griffonage précipité.	das ist ein übereiltes Gekritzel.

15. Französisch sprechen.

Parlez-vous français?	Sprechen Sie Französisch?
savez-vous parler francais?	können Sie Französisch sprechen?
je le parle un peu.	ich spreche es ein wenig.
vous parlez bien français.	Sie sprechen gut Französisch.
vous vous exprimez clairement.	Sie drücken Sich klar aus.
j'entends mieux que je ne parle.	ich verstehe besser, als ich spreche.
vous prononcez passablement bien.	Sie sprechen ziemlich gut aus.
vous avez une bonne prononciation.	Sie haben eine gute Aussprache.
depuis quand apprenez-vous le français?	seit wann lernen Sie Französisch?
il n'y a pas longtemps.	es ist nicht lange her.

il n'y a que six mois que j'ai commencé.	es ist erst ein halbes Jahr, daß ich angefangen habe.
c'est fort peu de temps.	das ist sehr kurze Zeit.
votre frère sait-il aussi le français?	versteht Ihr Bruder auch Französisch?
il n'entend pas un mot.	er versteht nicht ein Wort.
mon cousin sait le français à fond.	mein Vetter kann das Französische gründlich.
il a fait de grands progrès.	er hat große Fortschritte gemacht.
il s'exprime d'une manière claire.	er drückt sich klar aus.
il est toujours obligé de parler français.	er muß immer Französisch sprechen.
combien de temps a-t-il appris?	wie lange Zeit hat er gelernt?
il y a deux ans qu'il apprend.	er lernt seit zwei Jahren.
il n'a jamais eu de maître.	er hat nie einen Lehrer gehabt.

16. Von der Gesundheit.

Soyez le bienvenu, mon ami.	Seien Sie willkommen, mein Freund.
comment cela va-t-il?	wie geht's?
comment va la santé?	wie steht's mit Ihrer Gesundheit?
comment vous portez-vous?	wie befinden Sie Sich?
passablement.	so ziemlich.
fort bien, Dieu merci.	Gott sei Dank, sehr wohl.
comment se porte madame votre épouse?	wie befindet sich Ihre Frau Gemahlin?
sa santé est parfaite.	sie genießt einer vollkommenen Gesundheit.
vous avez l'air de vous porter à merveille.	Sie scheinen Sich sehr wohl zu befinden.
il est vrai que je me porte parfaitement bien.	ich befinde mich wirklich vollkommen wohl.
je ne me porte pas trop bien.	ich befinde mich nicht sehr wohl.
ma santé est chancelante.	ich habe eine schwankende Gesundheit.
je me sens indisposé.	ich fühle mich unpäßlich.
je suis tout souffrant.	ich bin sehr leidend.

jé suis enrhumé depuis plusieurs jours.	ich bin seit mehren Tagen erkältet.
la toux ne me quitte pas.	der Husten verläßt mich nicht.
je suis un peu mieux.	ich befinde mich etwas besser.
je me sens beaucoup soulagé.	ich fühle mich sehr erleichtert.
ma toux est moins opiniâtre.	mein Husten ist weniger anhaltend.
la fièvre m'a quitté.	das Fieber hat mich verlassen.
j'ai mal à la tête.	ich habe Kopfweh.
j'ai mal à la gorge.	ich habe Halsweh.
je suis enroué.	ich bin heiser.
j'ai un rhume de cerveau.	ich habe den Schnupfen.
vous paraissez avoir mal aux yeux.	Sie scheinen Augenweh zu haben.
j'ai mal au coeur.	ich habe Magenweh.
il faut espérer que vous en serez bientôt quitte.	man muß hoffen, daß Sie es bald wieder los werden.
votre frère a l'air bien portant.	Ihr Bruder scheint sich wohl zu befinden.
il a fort bonne mine.	er sieht sehr gut aus.
il jouit d'une constitution robuste.	er hat eine starke Constitution.
son fils paraît d'une santé délicate.	sein Sohn scheint schwächlich zu sein.
je ne crois pas qu'il vive longtemps.	ich glaube nicht, daß er lange lebt.
il n'a que la peau et les os.	er ist nichts, als Haut und Knochen.

17. Vom Alter.

Quel âge avez-vous?	Wie alt sind Sie?
j'ai vingt-neuf ans.	ich bin neunundzwanzig Jahre alt.
vous êtes encore tout jeune.	Sie sind noch sehr jung.
vous êtes dans la force de l'âge.	Sie sind in Ihren besten Jahren.
et votre frère quel âge a-t-il?	und wie alt ist Ihr Bruder?
il a dix-huit ans passés.	er ist achtzehn Jahre alt.
quoi! si jeune? Je le croyais majeur.	wie, noch so jung? Ich glaubte, er sei schon mündig.
non, il est encore mineur.	nein, er ist noch unmündig.
et votre neveu?	und Ihr Neffe?
il n'a que six ans.	er ist erst sechs Jahre alt.
c'est un enfant.	er ist noch ein Kind.

votre cousin doit avoir bien près de quinze ans.	Ihr Vetter muß nicht weit von fünfzehn Jahren sein.
il les aura dans deux mois.	in zwei Monaten ist er so alt.
le jeune homme grandit à vue d'oeil.	der junge Mensch wächst zusehends.
il grandit rapidement.	er wächst sehr stark.
votre tante paraît fort âgée.	Ihre Tante scheint sehr alt zu sein.
elle a eu soixante-douze ans accomplis le mois dernier.	vorigen Monat ist sie zweiundsiebenzig Jahre alt geworden.
elle ne les paraît pas.	so alt scheint sie noch nicht.
on lui donnerait dix ans de moins.	man hält sie für zehn Jahre jünger.
elle a encore un air de fraîcheur.	sie sieht noch gesund aus.
elle se soutient bien.	sie hält sich gut.
croiriez-vous qu'elle a encore son père?	sollten Sie wohl glauben, daß ihr Vater noch lebt?
il doit être bien vieux.	der muß sehr alt sein.
il entre dans sa quatre-vingt-treizième année.	er geht in sein dreiundneunzigstes Jahr.
c'est un grand âge.	das ist ein hohes Alter.

18. Von der Zeit.

Ces jours derniers.	Vor einigen Tagen.
un de ces jours.	dieser Tage.
il n'y a pas deux jours.	es ist kaum zwei Tage.
à peine y a-t-il trois jours.	es ist kaum drei Tage her.
la semaine passée. la semaine dernière.	vorige Woche.
il y a huit jours.	vor acht Tagen.
il y a quinze jours.	vor vierzehn Tagen.
il y a bien un mois.	es ist wenigstens einen Monat her.
c'était trois ou quatre jours plus tôt.	das war drei oder vier Tage früher.
c'était longtemps auparavant.	das war lange vorher.
à peu près vers ce temps-là.	ungefähr um diese Zeit.
le mois dernier.	vorigen Monat.
l'année passée. l'année dernière.	voriges Jahr.
l'année prochaine.	künftiges Jahr.

le jour de l'an.	am Neujahrstage.
à la Saint-Jean.	um Johanni.
à la Toussaint.	um Allerheiligen.
dans un mois.	in einem Monat.
d'ici à un mois.	von heute in einem Monat.
le premier du mois prochain.	den ersten künftigen Monats.
le quatre ou le cinq du mois qui vient.	den vierten oder fünften kommenden Monats.
d'ici à six semaines.	in sechs Wochen.
dans les derniers jours du mois.	in den letzten Tagen des Monats.
à la fin du mois.	Ende dieses.
vers la mi-janvier.	gegen die Mitte Januar's.
dans une quinzaine. dans quinze jours. }	in vierzehn Tagen.
la semaine prochaine.	nächste Woche.
dans la huitaine.	im Laufe von acht Tagen.
de temps en temps.	von Zeit zu Zeit.
de jour en jour.	von Tag zu Tag.
d'un jour à l'autre.	von einem Tage zum andern.
de deux jours l'un.	auf den andern Tag.
tous les jours.	alle Tage.
journellement.	täglich.
sans manquer un seul jour.	ohne einen einzigen Tag zu verfehlen.

19. Von der Stunde.

Quelle heure est-il?	Wie viel Uhr ist es?
dites-moi quelle heure il est.	sagen Sie mir, wie viel hrl es ist.
quelle heure croyez-vous qu'il soit?	wie viel Uhr glauben Sie, daß es ist?
est-il tard?	ist es spät?
non, il est encore de bonne heure.	nein, es ist noch früh.
il est six heures.	es ist sechs Uhr.
six heures vont sonner.	es wird gleich sechs Uhr schlagen.
six heures viennent de sonner.	es hat eben sechs Uhr geschlagen.
il est temps de se lever.	es ist Zeit, aufzustehen.
il fait jour.	es ist Tag.
il est six heures et un quart.	es ist ein Viertel auf sieben.

il est six heures et demie.	es ist halb sieben.
il est six heures et trois quarts.	es ist drei Viertel auf sieben.
il est sept heures moins un quart.	es ist ein Viertel vor sieben.
il est presque huit heures.	es ist bald acht Uhr.
l'heure vient de sonner.	es hat so eben geschlagen.
il est temps de déjeûner.	es ist Zeit, zu frühstücken.
il n'est pas encore dix heures.	es ist noch nicht zehn Uhr.
il est midi.	es ist zwölf Uhr.
il est midi et demi.	es ist halb eins.
comme le temps se passe!	wie die Zeit vergeht!
à quelle heure faut-il que vous vous rendiez chez vous?	um wie viel Uhr müssen Sie nach Hause gehen?
à deux heures précises.	mit dem Schlage zwei.
il est temps de dîner.	es ist Zeit, zu Mittag zu essen.
il fera bientôt nuit.	es wird bald Nacht sein.
la nuit approche.	die Nacht kommt heran.
il est temps de se coucher.	es ist Zeit, schlafen zu gehen.
il est onze heures passées.	es ist eilf Uhr vorbei.
il est près de minuit.	es ist nahe an Mitternacht.

20. Fortsetzung.

Quelle heure est-il à votre montre?	Wie spät ist es auf Ihrer Uhr?
ma montre s'est arrêtée.	meine Uhr ist stehen geblieben.
j'ai oublié de la monter.	ich habe vergessen, sie aufzuziehen.
montez-la.	ziehen Sie sie auf.
il y a quelque chose de rompu.	es ist etwas darin zerbrochen.
regardez la vôtre.	sehen Sie nach der Ihrigen.
la mienne ne va pas bien.	die meinige geht nicht recht.
elle est dérangée.	sie ist verdorben.
hier elle avançait d'une demi-heure.	gestern ging sie eine halbe Stunde vor.
aujourd'hui elle retarde de plus d'une heure.	heute geht sie über eine Stunde nach.
tantôt elle avance, tantôt elle retarde.	bald geht sie vor, bald nach.
je ne sais jamais au juste l'heure qu'il est.	ich weiß nie bestimmt, welche Zeit es ist.
comment va cette horloge?	wie geht diese Uhr?

elle est juste.	sie geht recht.
elle est à la minute.	sie geht auf die Minute.
à quelle heure sortez-vous?	wann gehen Sie aus?
vers cinq heures.	gegen fünf Uhr.
sur les six heures.	gegen sechs Uhr.
entre sept et huit.	zwischen sieben und acht.
j'ai sorti ce matin.	ich bin diesen Morgen ausgegangen.
je me suis promené toute la matinée.	ich bin den ganzen Morgen spazieren gegangen.
j'ai travaillé du matin au soir.	ich habe vom Morgen bis zum Abend gearbeitet.
j'irai vous voir cette après-midi.	ich werde diesen Nachmittag zu Ihnen kommen.
il y a près d'une heure que je suis ici.	es ist beinahe eine Stunde, daß ich hier bin.
j'ai passé la soirée chez moi.	ich bin den Abend zu Hause geblieben.
j'ai passé une journée bien agréable.	ich habe einen sehr angenehmen Tag zugebracht.
mon frère s'est levé à cinq heures du matin.	mein Bruder ist des Morgens um fünf Uhr aufgestanden.
il est arrivé à trois heures après-midi.	er ist Nachmittags um drei Uhr angekommen.
il viendra à six heures du soir.	er wird um sechs Uhr des Abends kommen.

21. Der Morgen.

Vous voilà levé!	Sie sind auf!
vous êtes déjà levé!	Sie sind schon aufgestanden!
il y a une heure que je suis levé.	ich bin seit einer Stunde auf.
vous vous êtes levé de grand matin.	Sie sind sehr früh aufgestanden.
je me lève ordinairement de bonne heure.	ich stehe gewöhnlich bei guter Zeit auf.
c'est une fort bonne habitude.	das ist eine sehr gute Gewohnheit.
comment avez-vous dormi cette nuit?	wie haben Sie diese Nacht geschlafen?
avez-vous bien dormi?	haben Sie gut geschlafen?
très bien; j'ai dormi tout d'un somme.	sehr gut; ich habe in Einem fort geschlafen.

j'ai dormi sans me réveiller.   id) habe gefdlafen, ohne ein Mal aufzuwachen.

et vous, avez-vous bien reposé?   und Sie, wie haben Sie geschlafen?

pas très bien.   nicht fehr gut.

je n'ai pas pu dormir.   id) habe nicht fdlafen können.

je n'ai pas fermé l'oeil de toute la nuit.   id) habe die ganze Nacht kein Auge gefchloffen.

voici une belle matinée.   es ift ein fchöner Morgen.

quel beau jour!   welch ein fchöner Tag!

que pensez-vous d'un tour de promenade?   was meinen Sie zu einem Spaziergange?

aurons-nous assez de temps avant le déjeûner?   werden wir vor dem Frühftück noch Zeit genug haben?

nous avons tout le temps.   wir haben hinreichend Zeit.

nous avons une grande heure à nous.   wir haben eine gute Stunde vor uns.

hé bien, allons prendre un peu l'air.   nun gut, laffen Sie uns gehen, etwas frifche Luft zu fchöpfen.

la promenade nous donnera de l'appétit.   der Spaziergang wird uns Appetit machen.

22. Der Abend.

Il commence à se faire tard.   Es fängt an, fpät zu werden.

il est bientôt temps d'aller se coucher.   es ift bald Zeit, zu Bette zu gehen.

monsieur N. n'est pas encore rentré.   Herr N. ift noch nicht zu Haufe.

je ne crois pas qu'il reste longtemps.   ich glaube nicht, daß er noch lange ausbleiben wird.

voici à peu près son heure.   dies ift ungefähr feine Stunde.

il rentre ordinairement de bonne heure.   er kommt gewöhnlich früh zurück.

j'entends frapper.   ich höre klopfen.

c'est probablement lui qui frappe.   wahrfcheinlich ift er es, der klopft.

allez voir.   geh und fieh nach.

justement, c'est lui.   ja, er ift es.

j'espère que je ne vous ai pas fait attendre.   ich hoffe, daß ich Sie nicht habe warten laffen.

point du tout; il n'est que dix heures.   keineswegs; es ift erft zehn Uhr.

nous ne nous couchons jamais avant dix heures et demie.	wir gehen nie vor halb eilf Uhr zu Bette.
je suis arrivé à temps.	ich bin zu rechter Zeit gekommen.
comment avez-vous trouvé votre promenade ce soir?	wie haben Sie Ihren Abendspaziergang gefunden?
délicieuse, très agréable.	herrlich, sehr angenehm.
il fait une soirée charmante.	es ist ein prächtiger Abend.
n'êtes-vous point fatigué?	sind Sie nicht ermüdet?
pas beaucoup.	nicht sehr.
ne voulez-vous pas vous reposer un instant?	wollen Sie nicht einen Augenblick ausruhen?
je vous suis obligé; il est trop tard.	ich bin Ihnen verbunden; es ist zu spät.
il est l'heure de se coucher.	es ist Zeit, zu Bette zu gehen.
je vous souhaite une bonne nuit.	ich wünsche Ihnen eine gute Nacht.
je vous le souhaite pareillement.	gleichfalls.
je vous souhaite un bon repos.	ich wünsche Ihnen angenehme Ruhe.

23. Das Feuer.

Le feu est bien bas.	Das Feuer ist fast niedergebrannt.
voici un bien mauvais feu.	das ist ein sehr schlechtes Feuer.
vous n'avez pas eu soin du feu.	Sie haben nicht auf das Feuer Acht gegeben.
vous n'avez pas entretenu le feu.	Sie haben das Feuer nicht unterhalten.
vous avez laissé éteindre le feu.	Sie haben das Feuer ausgehen lassen.
il n'est pas tout à fait éteint.	es ist noch nicht ganz aus.
il faut qu'il soit rallumé.	es muß wieder angezündet werden.
venez rallumer le feu.	kommen Sie und zünden das Feuer wieder an.
que cherchez-vous?	was suchen Sie?
je cherche les pincettes.	ich suche die Feuerzange.
les voici dans le coin.	da steht sie in der Ecke.
où est le soufflet?	wo ist der Blasebalg?
allez quérir le soufflet.	holen Sie den Blasebalg.

soufflez le feu.	blasen Sie das Feuer an.
ne soufflez pas si fort.	blasen Sie nicht so stark.
mettez-y quelques copeaux.	legen Sie etwas Hobelspäne unter.
il va prendre dans un instant.	es wird sogleich anbrennen.
prenez la pelle et mettez du chàrbon.	nehmen Sie die Schaufel und legen Sie Kohlen auf.
n'en mettez pas trop à la fois.	legen Sie nicht zu viel auf einmal ein.
vous avez presque étouffé le feu.	Sie haben das Feuer fast erstickt.
soulevez-le avec le fourgon, cela lui donnera un peu d'air.	heben Sie es mit dem Haken in die Höhe, das wird ihm etwas Zug geben.
il commence à flamber.	es fängt an zu flackern.
maintenant voici un bon feu.	jetzt ist ein gutes Feuer.

24. Vom Wetter.

Vous sortez, monsieur?	Sie wollen ausgehen?
je le voudrais; — quel temps fait-il?	ich möchte wohl; — was für Wetter haben wir?
il fait beau temps.	es ist schönes Wetter.
le temps est fort doux.	das Wetter ist sehr gelinde.
fait-il du vent?	ist es windig?
non, monsieur, il fait un calme parfait.	nein, es ist ganz still.
jusqu'à présent il n'y a presque pas d'air.	bis jetzt rührt sich fast kein Lüftchen.
si le vent se lève, il nous amènera beaucoup de pluie.	erhebt sich aber der Wind, so werden wir viel Regen bekommen.
le ciel est couvert de nuages.	der Himmel ist mit Wolken bedeckt.
peut-être le temps s'éclaircira-t-il.	vielleicht klärt sich der Himmel auf.
j'en doute; il se brouille de plus en plus.	ich zweifle daran; es wird immer trüber.
voilà qu'il pleut.	da regnet es schon.
tant mieux; je ne sortirai pas que le temps ne soit remis.	desto besser; ich werde nicht ausgehen, als bis das Wetter sich geändert hat.
le temps change d'un moment à l'autre.	die Witterung ändert sich alle Augenblicke.

il faisait si beau ce matin!	es war diesen Morgen so schön!
voilà le soleil qui reparaît.	da scheint die Sonne wieder.
les nuages se dissipent peu à peu; le temps s'éclaircit.	die Wolken zertheilen sich nach und nach; das Wetter hellt sich auf.
nous aurons encore une belle journée.	wir bekommen noch einen schönen Tag.
le printemps commence bien.	der Frühling läßt sich gut an.
les arbres poussent déjà; ils fleuriront bientôt.	die Bäume treiben schon Knospen; sie werden bald blühen.
tant pis: les nuits sont encore trop froides.	das wäre schlimm: die Nächte sind noch zu kalt.
pleut-il encore?	regnet es noch?
très peu, à peine s'en aperçoit-on.	sehr wenig, man merkt es kaum.
je sors, et je ne rentrerai que sur les dix heures.	ich gehe aus und komme erst gegen zehn Uhr zurück.
si quelqu'un me demande, vous lui direz de revenir vers midi.	wenn Jemand nach mir fragt, so ersuchen Sie ihn, gegen zwölf Uhr wiederzukommen.

25. Fortsetzung.

Comment, monsieur, vous rentrez déjà?	Wie! Sie kommen schon wieder?
oui, et j'ai eu bien tort de sortir.	ja, und ich hätte gar nicht ausgehen sollen.
voilà un temps bien malsain.	das ist eine sehr ungesunde Witterung.
il fait bien mauvais temps.	es ist sehr garstiges Wetter.
il fait un temps affreux.	es ist ein abscheuliches Wetter.
il pleuvra toute la journée.	es wird den ganzen Tag regnen.
je suis mouillé.	ich bin naß geworden.
je suis percé jusqu'aux os.	ich bin durch und durch naß.
il fait un temps inconstant et variable.	es ist ein unbeständiges, veränderliches Wetter.
fermez la fenêtre, la pluie entre dans la chambre.	machen Sie das Fenster zu, der Regen dringt ins Zimmer.
il fera fort sale.	es wird sehr schmutzig werden.
pardonnez-moi, ce n'est qu'une ondée qui passera bientôt.	verzeihen Sie, das ist nur ein Gewitterregen, welcher bald vorübergeht.

la pluie abattra la poussière.	der Regen wird den Staub niederschlagen.
voici déjà l'arc-en-ciel.	da ist schon der Regenbogen.
le vent tombe, et le temps se remet au beau.	der Wind legt sich, und es gibt wieder schönes Wetter.
profitons de ce moment, pour aller jouir un peu de l'air de la campagne.	wir wollen diesen Augenblick benutzen und ein wenig die Luft auf freiem Felde genießen.
la campagne est bien agréable dans cette saison.	das Land ist sehr angenehm in dieser Jahreszeit.
de tous côtés on ne voit que des arbres en fleurs.	auf allen Seiten sieht man nichts, als blühende Bäume.
le ciel est parfaitement serein.	der Himmel ist vollkommen heiter.
il fait bien agréable.	es ist sehr angenehm.

26. Fortsetzung.

Ah, qu'il fait chaud!	Ach, wie ist es so heiß!
il fait une chaleur excessive aujourd'hui.	es ist heute eine außerordentliche Hitze.
j'ai très chaud, je suis tout en sueur.	es ist mir sehr warm, ich bin ganz in Schweiß.
je suis tout en nage.	ich schwitze über und über.
il est vrai, la chaleur est insupportable.	es ist wahr, die Hitze ist unerträglich.
le soleil darde.	die Sonne sticht.
il fait un temps lourd.	es ist ein schwüles Wetter.
je crois que nous aurons de l'orage.	ich glaube, wir bekommen ein Gewitter.
le vent se lève.	der Wind erhebt sich.
j'entends déjà gronder le tonnerre.	ich höre schon donnern.
il pleut à grosses gouttes.	es fallen große Tropfen.
il grêle; il tombe de la grêle.	es hagelt.
il fait des éclairs.	es blitzt.
il tonne furieusement.	es donnert fürchterlich.
la foudre est tombée.	es hat eingeschlagen.
oh, que ne sommes-nous à la maison!	o, warum sind wir doch nicht zu Hause!
je le voudrais aussi; mais que faire? il faut avoir patience.	ich wünschte es auch; aber was ist zu thun? wir müssen Geduld haben.

la pluie est trop forte pour durer longtemps.	der Regen ist zu heftig, als daß er lange anhalten könnte.
voilà heureusement une chaumière.	da ist zum Glück ein Häuschen.
entrons-y pour nous mettre à couvert.	wir wollen hinein, um uns unterzustellen.

27. Fortsetzung.

Voilà une belle journée d'automne.	Heute ist ein schöner Herbsttag.
voulez-vous m'accompagner au jardin de mon oncle?	wollen Sie mich in den Garten meines Oheims begleiten?
avec grand plaisir.	mit vielem Vergnügen.
eh bien, habillez-vous donc, s'il vous plaît.	nun gut, so kleiden Sie Sich gefälligst an.
je n'ai qu'à mettre ma redingote.	ich brauche nur meinen Ueberrock anzuziehen.
me voilà prêt; partons.	ich bin fertig; gehen wir.
comment trouvez-vous ce jardin?	wie gefällt Ihnen dieser Garten?
c'est un des plus beaux jardins que j'aie jamais vus.	es ist einer der schönsten Gärten, die ich je gesehen habe.
les arbres sont chargés des plus beaux fruits.	die Bäume sind mit dem schönsten Obst bedeckt.
choisissez à votre goût.	wählen Sie nach Ihrem Geschmack.
voulez-vous que je vous cueille quelques pommes?	soll ich Ihnen einige Aepfel pflücken?
voici des poires, des prunes, des pêches.	hier sind Birnen, Pflaumen, Pfirsichen.
je vous remercie de tout mon coeur.	ich danke Ihnen herzlich.
mais ne tardons pas à partir, car le jour décroît sensiblement.	aber wir müssen bald aufbrechen, denn der Tag nimmt zusehends ab.
pour peu que nous tardions, nous arriverons à la nuit.	wenn wir nur etwas zögern, so kommen wir in der Nacht an.
c'est ce que je n'aimerais pas, car les soirées commencent à être fraîches.	das wünschte ich eben nicht, denn die Abende fangen an, kühl zu werden.
fait-il clair de lune?	ist Mondschein?
nous avons pleine lune.	wir haben Vollmond.

nous sommes au premier quartier.	wir find im erſten Viertel.
la lune est dans son croissant.	es iſt zunehmendes Licht.
elle est dans son décours.	es iſt abnehmendes Licht.

28. Schluß.

Il fait bien froid depuis quelques jours.	Es iſt ſehr kalt ſeit einigen Tagen.
a-t-il gelé?	hat es gefroren?
oui, il a bien gelé.	ja, es hat ſtark gefroren.
il gèle à pierre fendre.	es friert, daß die Steine krachen.
il fait glissant; j'ai failli tomber.	es iſt glatt; ich wäre beinahe gefallen.
on ne saurait se tenir sur ses pieds.	man kann ſich nicht auf den Beinen erhalten.
le pavé est comme un miroir.	das Pflaſter iſt wie ein Spiegel.
il fait un vent piquant.	es geht ein ſchneidender Wind.
le vent est au nord.	wir haben Nordwind.
j'ai les doigts engourdis.	meine Finger ſind mir ſteif.
je tremble de froid.	ich zittre vor Kälte.
approchez-vous du poêle.	kommen Sie an den Ofen.
prenez l'air du feu.	wärmen Sie Sich ein wenig.
la glace tient déjà.	das Eis trägt ſchon.
on dit que la rivière est prise.	man ſagt, der Fluß ſei zugefroren.
cela n'est pas étonnant, car il fait un froid très rigoureux.	das iſt nicht zu verwundern, denn es iſt eine ſehr ſtrenge Kälte.
a-t-il aussi neigé?	hat es auch geſchneit?
il neige à gros flocons.	es fällt dicker Schnee.
on pourra donc aller en traîneau.	man wird alſo Schlitten fahren können.
j'aime à me promener en traîneau.	ich fahre gern Schlitten.
savez-vous aussi patiner?	können Sie auch Schlittſchuh laufen?
oui, je le sais, et j'ai de bons patins.	ja, ich kann es, und habe gute Schlittſchuhe.
vous êtes donc sûr que la glace est assez forte?	Sie wiſſen alſo gewiß, daß das Eis ſtark genug iſt?

elle porterait un chariot chargé. — es würde einen beladenen Wagen tragen.

eh bien, allons. — nun, so wollen wir gehen.

29. Höflichkeitsbezeigungen.

Bon jour, mon fils. — Guten Morgen, mein Sohn.

bon soir, mon père. — guten Abend, lieber Vater.

j'ai l'honneur de vous souhaiter le bon jour, monsieur. — mein Herr, ich habe die Ehre, Ihnen einen guten Tag zu wünschen.

j'ai l'honneur de vous souhaiter le bon soir, madame. — Madam, ich habe die Ehre, Ihnen einen guten Abend zu wünschen.

je suis votre serviteur, monsieur. — Ihr Diener, mein Herr.

je suis votre servante, madame. — Ihre Dienerin, Madam [1]).

votre serviteur très humble. — Ihr ergebenster Diener.

monsieur, je vous salue. — mein Herr, ich empfehle mich Ihnen.

monsieur, j'ai l'honneur de vous saluer. — mein Herr, ich habe die Ehre, mich Ihnen zu empfehlen [2]).

je suis charmé d'avoir le plaisir de vous voir. — ich freue mich sehr, Sie zu sehen.

il y a bien longtemps que je n'ai eu l'avantage de vous voir. — ich habe lange das Vergnügen nicht gehabt, Sie zu sehen.

couvrez-vous, je vous prie. — ich bitte, bedecken Sie Sich.

sans cérémonie, remettez votre chapeau. — ohne Umstände, setzen Sie Ihren Hut auf.

vous êtes trop honnête. — Sie sind sehr gütig.

passez, s'il vous plaît, dans cette salle. — treten Sie gefälligst in diesen Saal.

je vous prie, entrez. — ich bitte, treten Sie hinein.

je ne passerai point devant vous. — ich werde nicht vor Ihnen gehen.

cela ne va pas. — das geht nicht an.

vous me faites trop d'honneur. — Sie erweisen mir zu viele Ehre.

---

[1]) Es gehört in Frankreich zur Höflichkeit, die Wörter monsieur, madame, mademoiselle oft zu gebrauchen.

[2]) Wo wir Deutsche sagen: ich empfehle mich Ihnen, sagt der Franzose: je vous salue, ich grüße Sie.

prenez un siége, asseyez-vous.	ſetzen Sie Sich.
veuillez prendre place.	beliebt es, Platz zu nehmen?
donnez-vous la peine de vous asseoir.	haben Sie die Güte, Sich niederzulaſſen.
bien obligé, je ne saurais demeurer plus longtemps.	danke gehorſamſt; ich kann unmöglich länger verweilen.
quoi! vous voulez déjà nous quitter?	wie! Sie wollen uns ſchon verlaſſen?
vous ne faites que d'arriver.	Sie ſind ja erſt gekommen.
vous êtes bien pressé.	Sie ſind ſehr eilig.
j'ai des affaires indispensables.	ich habe dringende Geſchäfte.
je crains d'arriver trop tard.	ich fürchte, zu ſpät zu kommen.
en ce cas je ne vous retiendrai plus.	in dieſem Falle will ich Sie nicht länger zurückhalten.
les affaires passent avant tout.	Geſchäfte gehen vor Alles.
j'ai regret que votre visite ait été si courte.	ich bedaure, daß Ihr Beſuch ſo kurz war.
quand aurons-nous le plaisir de vous revoir?	wann werden wir das Vergnügen haben, Sie wieder zu ſehen?
le plutôt que je pourrai.	ſobald es mir möglich iſt.
au premier moment de loisir que j'aurai.	ſobald ich einen freien Augenblick habe.
adieu donc, portez-vous bien.	ſo leben Sie denn wohl.
au revoir; à l'honneur de vous revoir.	auf Wiederſehen.

30. Fortſetzung.

Je vous souhaite le bon jour, monsieur.	Ich wünſche Ihnen einen guten Morgen, mein Herr.
comment avez-vous passé la nuit?	wie haben Sie dieſe Nacht zugebracht?
avez-vous bien dormi?	haben Sie gut geſchlafen?
avez-vous bien reposé?	haben Sie wohl geruht?
assez bien, très bien.	ziemlich gut, ſehr gut.
comment vous portez-vous aujourd'hui?	wie befinden Sie Sich heute?
à vous rendre mes devoirs.	Ihnen aufzuwarten.
je suis charmé de vous voir en bonne santé.	es freut mich, Sie bei guter Geſundheit zu ſehen.

vous êtes bien honnête, monsieur.	Sie sind sehr gütig, mein Herr.
je suis bien sensible à votre attention.	ich bin Ihnen sehr verbunden für Ihre Aufmerksamkeit.
comment se porte madame votre mère?	wie befindet sich Ihre Frau Mutter?
elle a été un peu indisposée ces jours-ci, mais elle s'est remise.	sie ist in diesen Tagen etwas unwohl gewesen, allein sie ist wieder hergestellt.
veuillez la saluer de ma part.	melden Sie ihr gütigst meinen Gruß.
veuillez lui présenter mes respects.	versichern Sie sie meiner Hochachtung.
dites-lui bien des choses de ma part.	sagen Sie ihr viel Schönes in meinem Namen.
mes civilités à toute votre famille.	meine Empfehlung an Ihre ganze Familie.
je vous remercie, je n'y manquerai pas.	ich danke Ihnen; ich werde es nicht unterlassen.
vous êtes bien aimable d'être venu nous voir.	es ist recht schön von Ihnen, daß Sie uns besucht haben.
c'est toujours un grand plaisir pour nous de vous voir.	es macht uns immer großes Vergnügen, Sie zu sehen.
on ne saurait vous posséder trop souvent.	man kann Sie nicht zu oft besitzen.
je vous dis sans flatterie ce que je pense.	ich sage Ihnen: ohne Schmeichelei, was ich denke.
ce n'est pas avec vous que je fais des cérémonies.	mit Ihnen mache ich gewiß keine Umstände.
nous vous traitons en ami, sans façons.	wir behandeln Sie als Freund, ohne Umstände.
entre amis point de contrainte.	zwischen Freunden muß kein Zwang Statt haben.
revenez nous voir au plutôt.	besuchen Sie uns recht bald wieder.
je vous souhaite une parfaite santé.	bleiben Sie gesund.
je vous salue de tout mon coeur.	ich empfehle mich Ihnen bestens.

Dritte Abtheilung.

Vertraute Gespräche.

1. Beim Aufstehen.

Monsieur, vous m'avez dit hier de vous éveiller aujourd'hui de bonne heure.

Herr, Sie haben mir gestern gesagt, ich sollte Sie heute etwas früh wecken.

quelle heure est-il donc?

wie viel Uhr ist es denn?

il est six heures et demie.

es ist halb sieben.

comment! déjà si tard? — il faut donc que je me lève au plus vite.

wie! schon so spät? — so muß ich auf das schnellste aufstehen.

ouvrez les volets que je puisse y voir clair.

öffne die Läden, damit ich sehen kann.

donnez-moi mes caleçons, ma robe de chambre et mes pantoufles.

gib mir meine Unterhosen, meinen Schlafrock und meine Pantoffeln.

avez-vous eu soin de faire chauffer de l'eau pour me laver les pieds?

hast du Wasser wärmen lassen, um meine Füße zu waschen?

la bouilloire est sur le feu, et l'eau commence à bouillir.

der Kessel steht auf dem Feuer, und das Wasser fängt an zu kochen.

donnez-moi un morceau de savon et un essuie-main blanc.

gib mir ein Stück Seife und ein reines Handtuch.

le savon est sur la table à côté de vous, et l'essuie-main est sur le dos de votre chaise.

die Seife liegt neben Ihnen auf dem Tische, und das Handtuch hängt auf Ihrem Stuhl.

mettrez-vous un pantalon et des bottes?

werden Sie lange Hosen und Stiefel anziehen?

non, je mettrai une culotte et des bas de soie.

nein, ich will eine kurze Hose und seidene Strümpfe anlegen.

les voici.

hier sind sie.

donnez-moi maintenant mon gilet de dessous et mes bretelles.

gib mir nun meine Unterweste und meinen Hosenträger.

allez prendre dans l'armoire une chemise blanche à jabot et une cravate de batiste.	geh und nimm aus dem Schranke ein weißes Hemd mit einer Krause und eine batistene Halsbinde.
fort bien.	ganz wohl.
écoutez! apportez-moi en même temps mon gilet rouge et mon habit.	hör'! bring mir zu gleicher Zeit meine rothe Weste und meinen Rock.
avez-vous décrotté mes souliers?	hast du meine Schuhe geputzt?
oui, monsieur; voulez-vous que je vous chausse?	ja; wollen Sie, daß ich sie Ihnen anlege?
je le ferai moi-même.	ich werde es selbst thun.
ma redingote est-elle battue?	ist mein Ueberrock ausgeklopft?
oui, monsieur; mais il faut encore la brosser.	ja, aber ich muß ihn noch ausbürsten.
où est mon chapeau et ma canne?	wo ist mein Hut und mein Stock?
donnez-moi ma tabatière, mon mouchoir et mes gants.	gib mir meine Dose, mein Taschentuch und meine Handschuhe.
bon; fermez ma chambre à clef, je vais sortir.	nun verschließe mein Zimmer, ich muß ausgehen.

2. Beim Fruhstücken.

Il va être sept heures; voyez donc, je vous prie, si le déjeuner est prêt.	Es ist gleich sieben Uhr; sehen Sie doch zu, ich bitte Sie, ob das Frühstück bereit ist.
je l'ai dit à la fille; il sera prêt à l'instant.	ich habe es der Magd gesagt; es wird den Augenblick fertig sein.
je suis accoutumé à prendre mon café, après m'être levé.	ich bin gewohnt, meinen Kaffee zu trinken, gleich nachdem ich aufgestanden bin.
voilà qu'on apporte ce que vous souhaitez.	da bringt man, was Sie wünschen.
prenez-vous votre café au lait ou à l'eau?	trinken Sie Ihren Kaffee mit oder ohne Milch?
versez-m'en, s'il vous plaît, une tasse au lait; je vais allumer ma pipe.	schenken Sie mir gefälligst eine Tasse mit Milch ein; ich werde meine Pfeife anzünden.

vous ne mangez donc pas en prenant votre café?	Sie essen also nicht zum Kaffee?
non, je préfère fumer une pipe.	nein, ich rauche lieber eine Pfeife dazu.
votre café est-il assez sucré?	ist Ihr Kaffee süß genug?
oui, mais il ne me paraît pas trop clair.	ja, aber er scheint mir nicht klar genug.
il ne saurait être trouble, puisqu'il est filtré.	er kann nicht unklar sein, da er durchgeseiht ist.
cependant il me semble qu'il manque quelque chose à ce café.	gleichwohl scheint es mir, als fehle diesem Kaffee etwas.
peut-être l'a-t-on un peu trop rôti.	vielleicht hat man ihn ein wenig zu stark geröstet.
en effet, il a ce goût-là.	in der That, diesen Geschmack hat er.
je crois plutôt qu'il est un peu trop faible.	ich glaube vielmehr, daß er etwas zu schwach ist.
vous plaît-il de prendre une tasse de thé?	ist Ihnen eine Tasse Thee gefällig?
non, je vous remercie; je n'aime pas le thé.	nein, ich danke Ihnen; ich trinke nicht gern Thee.
vous préférez peut-être le chocolat?	vielleicht ziehen Sie Chokolade vor?
j'en conviens; le chocolat nourrit, le thé dessèche la poitrine.	ich bin's zufrieden; die Chokolade nährt, der Thee trocknet die Brust.
cependant le dernier est la boisson à la mode.	doch ist der letztere ein Modegetränk.
oui, on le prend par ton plus que par goût.	ja, man trinkt ihn mehr des Tones, als des Geschmacks wegen.

3. Um Tuch zu kaufen.

Monsieur, j'ai l'honneur de vous saluer.	Mein Herr, ich habe die Ehre, Sie zu grüßen.
votre très humble serviteur.	Ihr gehorsamer Diener.
qu'y a-t-il pour votre service?	was steht zu Ihren Diensten?
je voudrais acheter du drap pour un habit.	ich möchte gern Tuch zu einem Rocke kaufen.
je vais vous présenter la montre.	ich werde Ihnen die Musterkarte zeigen.

le voulez-vous rayé ou jaspé?	wollen Sie gestreiftes oder gesprenkeltes?
non, je le voudrais d'une couleur unie.	nein, ich möchte ein einfarbiges haben.
en voici un d'une couleur verte, qui est fort beau et à la mode.	hier ist ein grünes, das sehr schön und nach der Mode ist.
faites-m'en voir la pièce.	lassen Sie mich es am Stücke sehen.
la voici, je vais vous la déployer.	da ist es, ich will es aufmachen.
il n'a pas la corde très fine.	der Faden ist nicht sehr fein.
pardonnez-moi, ce drap est de première qualité et il a du corps.	verzeihen Sie, dieses Tuch ist von der besten Sorte und sehr stark.
mais la couleur ne me paraît pas solide; je crains qu'elle ne passe.	die Farbe scheint mir aber nicht dauerhaft; ich fürchte, sie verschießt.
point du tout, je vous le garantis teint en laine; voyez la lisière.	nichts weniger; ich stehe Ihnen dafür, daß es in der Wolle gefärbt ist; sehen Sie nur die Leiste.
je vois aussi qu'il a beaucoup d'apprêt; il sera gros quand il aura pris l'eau.	ich sehe auch, daß es viel Appretur hat; es wird durch das Netzen grob werden.
vous vous trompez, monsieur; il est parfaitement tondu et bien cati.	Sie irren Sich, mein Herr; es ist sehr gut geschoren und gepreßt.
voyez-en le chef, ceci n'est que l'entame.	sehen Sie das Ende davon, dies ist bloß der Anschnitt.
quoique vous en disiez, il n'est guère fin au toucher.	was Sie auch sagen mögen, es fühlt sich nicht fein an.
c'est parceque vous le touchez à contre-poil.	das ist, weil Sie es gegen den Strich streichen.
quelle est sa largeur?	wie breit ist es?
il a plus de neuf quarts de large.	es ist über neun Viertel breit.
combien vendez-vous l'aune?	wie theuer verkaufen Sie die Elle?
six écus.	sechs Thaler.
c'est bien cher! dites-moi le dernier prix, je n'aime pas à marchander.	das ist sehr theuer! sagen Sie mir den äußersten Preis, ich feilsche nicht gern.

il n'y a rien à rabattre; c'est un prix fixe.	es geht nichts ab; das ist ein fester Preis.
je vous en offre cinq écus et demi.	ich gebe Ihnen fünf und einen halben Thaler.
il me serait impossible de rien diminuer; je ne vous ai pas surfait.	es ist mir unmöglich, etwas nachzulassen; ich habe Sie nicht überfordert.
il faut donc en passer par où vous voulez.	ich muß also schon, wie Sie wollen.
coupez-m'en quatre aunes et un quart, et aunez bien.	schneiden Sie mir vier Ellen und ein Viertel ab, und messen Sie gut.

4. Mit dem Schneider.

Est-ce mon habit que vous m'apportez-là?	Bringen Sie mir meinen Rock?
oui, mais il n'est pas encore achevé.	ja, er ist aber noch nicht fertig.
je n'ai fait que le faufiler pour vous l'essayer.	ich habe die Nähte nur aufgereihet, um Ihnen denselben anzupassen.
faites voir.	lassen Sie sehen.
il va bien, excepté les manches qui sont un peu trop justes.	er sitzt gut, die Aermel ausgenommen, welche ein wenig zu knapp sind.
je peux encore les élargir.	ich kann sie noch weiter machen.
tournez-vous, s'il vous plaît, pour voir s'il ne fait pas de faux plis.	drehen Sie Sich gefälligst um, damit ich sehe, ob er keine Falten wirft.
non, il colle bien entre les épaules et le dos.	nein, er sitzt gut zwischen Schultern und Rücken.
cette coupe vous convient-elle?	ist Ihnen dieser Schnitt recht?
la taille me paraît un peu trop longue.	die Taille scheint mir ein wenig zu lang.
on pourra y remédier aisément.	dem ist leicht abzuhelfen.
c'est peu de chose; ce sera bientôt fait.	das ist eine Kleinigkeit; das wird bald gemacht sein.
achevez-le bientôt, car vous savez que j'en ai besoin.	machen Sie ihn bald fertig, denn Sie wissen, daß ich ihn nöthig habe.
vous l'aurez demain, ainsi que le manteau.	Sie sollen ihn morgen nebst dem Mantel haben.

voulez-vous que je prenne cette redingote pour la raccommoder?	befehlen Sie, daß ich diesen Ueberrock ausbessere?
prenez-la, et mettez-y des boutons de soie, en place de ceux de cuivre qui ne sont plus à la mode.	das können Sie thun; und setzen Sie seidene Knöpfe daran statt dieser messingenen, die nicht mehr Mode sind.
il faudrait aussi des poches neuves, et les boutonnières auraient besoin d'être recousues.	es sollten auch neue Taschen hinein, und die Knopflöcher hätten nöthig, wieder ausgenäht zu werden.
mais je m'aperçois qu'elle a déjà été retournée.	allein ich sehe, er ist schon gewendet.
laissez-la donc comme elle est; je la donnerai à mon domestique.	darum lassen Sie ihn, wie er ist; ich will ihn meinem Bedienten schenken.

5. Mit dem Schuster.

Ah! vous voilà! m'apportez-vous mes bottes?	Ha, sind Sie da, Meister! bringen Sie mir meine Stiefel?
oui; voulez-vous les essayer?	ja; wollen Sie sie anpassen?
donnez.	geben Sie her.
prenez les tirants avec les crochets; je vous aiderai.	nehmen Sie die Zugbänder mit den Haken; ich will Ihnen helfen.
je crains de ne pouvoir pas les mettre; l'entrée me paraît trop étroite.	ich werde sie schwerlich anziehen können; die Oeffnung scheint mir zu eng zu sein.
vous les avez commandées un peu justes; tirez fort.	Sie haben sie ein wenig eng verlangt; ziehen Sie stark an.
m'y voilà à présent.	nun bin ich darin.
effectivement, elles ne me vont pas mal.	in der That, sie stehen mir nicht übel.
je me flatte que dans toute la ville il n'y a pas de bottier qui vous les fasse mieux.	ich schmeichle mir, daß kein Stiefelmacher in der ganzen Stadt sie Ihnen besser machen wird.
donnez-moi le tire-botte, je vais me débotter.	geben Sie mir den Stiefelknecht, ich will sie ausziehen.

faites voir maintenant les souliers. / laſſen Sie nun die Schuhe ſehen.

examinez-les. / beſehen Sie ſie.

le quartier me paraît trop haut, et il n'y a pas de talon. / das Ferſenleder ſcheint mir zu hoch zu ſein; auch iſt kein Abſatz daran.

ils sont comme on les porte à présent. / ſie ſind, wie man ſie jetzt trägt.

prenez le chausse-pied pour les mettre. / nehmen Sie den Anzieher, um ſie anzuziehen.

ils me blessent; il faudra les remettre à la forme. / ſie drücken mich; Sie werden ſie noch einmal über den Leiſten ſchlagen müſſen.

vous avez le coude-pied un peu haut; je changerai quelque chose à l'empeigne. / Sie haben die Fußbiege ein wenig hoch; ich werde etwas am Oberleder ändern.

remportez-les; vous me les rapporterez avec les bottines que je vous ai données à ressemeler. / nehmen Sie ſie mit und bringen Sie mir ſie nebſt den Halbſtiefeln, die ich Ihnen zum Sohlen gegeben habe, wieder.

vous aurez tout cela la semaine prochaine. / Sie ſollen Alles künftige Woche bekommen.

6. Mit dem Uhrmacher.

Je vous apporte une montre qui a besoin de réparation. / Ich bringe Ihnen eine Uhr, die einige Ausbeſſerung nöthig hat.

voyons ce qu'il y à faire. / laſſen Sie ſehen, was daran zu machen iſt.

ah, c'est une montre à répétition. / ah, es iſt eine Repetir-Uhr.

j'ai eu le malheur de la laisser tomber au moment où je la montais. / ich hatte das Unglück, ſie in dem Augenblicke, als ich ſie aufzog, fallen zu laſſen.

le cadran et l'aiguille en ont un peu souffert. / das Zifferblatt und der Zeiger haben ein wenig dabei gelitten.

il faut que je la démonte, pour voir si le mouvement n'est pas dérangé. / ich muß ſie aus einander legen, um zu ſehen, ob nichts an dem Werke verdorben iſt.

elle s'est arrêtée aussitôt; je crains que le grand ressort ne soit cassé. / ſie iſt ſogleich ſtehen geblieben; ich fürchte, die Feder iſt gebrochen.

non, il est encore en entier dans le tambour; mais le balancier s'est recourbé.

nein, sie ist noch ganz in dem Gehäuse; aber die Unruhe ist verbogen.

il faudra régler aussi le petit ressort spiral; car tantôt elle avance, tantôt elle retarde.

Sie müssen auch die Spiralfeder zurecht setzen; denn bald läuft sie vor, bald geht sie nach.

je l'arrangerai; il serait dommage qu'elle n'allât pas bien, car elle est très belle.

ich werde sie herrichten; es wäre Schade, wenn sie nicht gut ginge, da sie so schön ist.

le timbre en est fort bon, et la boîte est superbe.

das Schlagwerk ist sehr gut, und das Gehäuse ist prächtig.

pour quand sera-t-elle prête?

wann wird sie fertig sein?

pour après-demain; je vous en prêterai une autre en attendant.

übermorgen; ich will Ihnen inzwischen eine andere leihen.

je vous en serai obligé, car sans cela je ne saurais jamais quelle heure il est.

ich werde Ihnen sehr verbunden sein: denn ich wüßte sonst nie, wie viel Uhr es ist.

7. Mit dem Hutmacher.

J'ai besoin d'un chapeau; voudriez-vous m'en faire voir quelques-uns?

Ich habe einen Hut nöthig; wollen Sie mich einige sehen lassen.

le voulez-vous de feutre ou de castor?

wollen Sie einen Filz- oder einen Kastorhut?

un mi-castor, mais qui soit fin.

einen Halbkastor, der aber fein sein muß.

le demandez-vous, rond et à haute forme?

beliebt Ihnen ein runder mit einem hohen Kopfe?

j'en voudrais un à larges bords et à long poil.

ich möchte einen langhaarigen, mit breiten Krempen haben.

en voilà un que je ferai retaper, s'il vous convient.

hier ist einer, den ich aufstutzen lassen will, wenn er Ihnen ansteht.

enfoncez-le dans la tête.

drücken Sie ihn in den Kopf.

il est un peu trop étroit.

er ist ein wenig zu eng.

il est aisé d'y remédier: je n'ai qu'à desserrer le bourdaloue.

dem ist leicht abzuhelfen: ich darf bloß die Treffe weiter machen.

il va bien à présent.

nun geht er gut.

combien me coûtera-t-il tout arrangé?

wie theuer wird er mir ganz fertig zu stehen kommen?

un louis.	einen Louisd'or.
cela me paraît bien cher.	das scheint mir sehr theuer.
c'est le plus juste prix: je ne puis pas le donner à moins; je n'ai qu'un très léger bénéfice là-dessus.	es ist der genaueste Preis: ich kann ihn nicht wohlfeiler geben; ich habe nur einen ganz geringen Gewinn dabei.
il faut me le passer à vingt francs.	Sie müssen mir ihn um zwanzig Franken erlassen.
partageons la différence.	wir wollen den Unterschied theilen.
je n'en donnerai pas davantage.	ich will nicht mehr daran wenden.
eh bien, prenez-le; je fais un sacrifice pour avoir votre pratique.	nun, so nehmen Sie ihn; ich bringe ein Opfer, um Ihre Kundschaft zu haben.
mettez-y une coiffe, et bordez-le d'un petit velours.	machen Sie ein Futter hinein, und fassen Sie ihn mit einem schmalen Sammtbande ein.
quand pourrai-je venir le prendre?	wann kann ich ihn abholen?
demain matin.	morgen früh.
fort bien; je vous laisserai alors celui-ci pour le nettoyer.	gut; dann werde ich Ihnen diesen zum Ausputzen da lassen.

8. Ueber das Hauswesen.

Tu rentres bien tard; où as-tu été si longtemps?	Du kommst sehr spät nach Hause; wo warst du so lange?
la couturière, chez laquelle vous m'avez envoyée, m'a arrêtée jusqu'à présent.	die Nähterin, zu welcher Sie mich schickten, hat mich bis jetzt aufgehalten.
elle n'avait pas encore fini l'ouvrage que vous lui avez donné à faire.	sie hatte die Arbeit noch nicht fertig, die Sie ihr zu machen gegeben haben.
je croirais plutôt que tu t'es amusée à causer en chemin.	ich sollte eher glauben, daß du unterwegs geplaudert hast.
oh non; j'ai acheté, en revenant, du savon et de l'empois pour la lessive.	o nein; ich habe auf dem Rückwege Seife und Stärke zum Waschen gekauft.

porte ce linge sale à la buanderie, pour qu'on le mette dans la cuve, et dis aux blanchisseuses de bien le tremper.	trage diese unreine Wäsche in die Waschküche, damit sie in die Bütte gethan werde, und sage den Wäscherinnen, sie sollten sie gut einweichen.
j'y vais.	ich gehe.
tu pourras ensuite repasser et plisser les chemisettes et les tours de gorge.	du kannst hernach die Vorhemdchen und Halsstreifen bügeln und fälteln.
j'en aurai soin.	ich werde dafür sorgen.
n'oublie pas de faire dire aux repasseuses de venir demain.	vergiß nicht, den Büglerinnen sagen zu lassen, daß sie morgen hieher kommen.
mais nos fers à repasser ne sont pas encore raccommodés.	aber unsere Bügeleisen sind noch nicht wieder ausgebessert.
tu as raison; je les ferai arranger.	du hast Recht; ich will sie zurecht machen lassen.
as-tu compté ces nappes, ces serviettes et ces mouchoirs?	hast du diese Tischtücher, Tellertücher und Schnupftücher abgezählt?
oui, maman, le compte y est.	ja, Mutter, sie sind alle da.

9. Fortsetzung.

Voici une cravate de ton frère, à laquelle il faut faire une reprise.	Hier ist eine Halsbinde von deinem Bruder, die ausgebessert werden muß.
où sont ses bas?	wo sind seine Strümpfe?
je les ai donnés à la ravaudeuse; je n'ai pas eu le temps de les raccommoder moi-même.	ich habe sie der Strumpfflickerin gegeben; ich hatte nicht die Zeit, sie selbst zu flicken.
achève maintenant cette chemise; le corps est taillé, tu n'as qu'à y coudre les manches.	mache nun dieses Hemd vollends fertig; der Untertheil ist schon geschnitten, du darfst nur die Aermel annähen.
il y manque aussi les goussets, le jabot et les coins.	es fehlen auch die Rauten, der Busenstreif und die Zwickel.
aie soin de bien faire l'ourlet, le surjet et l'arrière-point.	mache den Saum, die Ueberwendlings-Naht und den Hinterstich sauber.

n'oublie pas non plus de rabattre les coutures.	vergiß auch nicht, die Nähte zu plätten.
j'ai perdu mon dé à coudre, et je n'ai pas une seule bonne aiguille dans mon étui.	ich habe meinen Fingerhut verloren, und habe nicht eine einzige gute Nadel in meinem Büchschen.
en voilà dont le chas est si petit que je ne saurais y faire passer ce fil.	diese da haben ein so kleines Oehr, daß ich diesen Zwirn nicht einfädeln kann.
eh bien, tricote; où as-tu mis ton tricotage?	nun, so stricke; wo hast du deine Strickarbeit hingethan?
le voilà; mais je n'ai plus de coton à trois fils.	hier ist sie; aber ich habe keine dreidrähtige Baumwolle mehr.
il y en avait pourtant encore une pelote entière dans ton sac à ouvrage.	es war ja noch ein ganzer Knäuel in deinem Arbeitsbeutel.
je ne la trouve plus.	ich finde ihn nicht mehr.
mets-toi donc au rouet et file; ou bien dévide ces bobines; voilà le dévidoir.	so setze dich denn ans Rädchen und spinne; oder winde diese Spulen ab; da ist der Haspel.
j'ai mal au doigt.	der Finger thut mir weh.
tu es une paresseuse; tu ne seras jamais une bonne ménagère.	du bist eine Faulenzerin; du wirst nie eine gute Haushälterin werden.

10. Beim Mittagessen.

On a servi; allons nous mettre à table.	Das Essen ist aufgetragen; wir wollen uns zu Tische setzen.
asseyez-vous, je vous prie.	beliebt es, Platz zu nehmen?
je vais me mettre ici.	ich werde mich hieher setzen.
non pas, s'il vous plaît; voilà la place qui vous est destinée.	nicht doch; dieser Platz hier ist für Sie bestimmt.
j'obéis, puisque vous le voulez.	ich gehorche Ihnen, weil Sie es so haben wollen.
vous servirai-je du potage au riz?	kann ich Ihnen mit Reißsuppe aufwarten?
je vous en demanderai un peu.	ich bitte mir ein wenig davon aus.
voilà du bouilli qui a bonne mine; en mangerez-vous?	hier ist Rindfleisch, das gut aussieht; essen Sie davon?

j'en prendrai un petit morceau. — ich will ein Stückchen davon nehmen.

aimez-vous la moutarde? — sind Sie Liebhaber von Senf?

elle me monte au nez. — er steigt mir in die Nase.

mais je vois que vous n'avez pas de pain; en voilà. — aber ich sehe, Sie haben kein Brod; hier ist welches.

vous offrirai-je de ces choux-fleurs? — darf ich Ihnen von diesem Blumenkohl anbieten?

je vous serai obligé; j'aime beaucoup ce légume. — ich werde Ihnen dafür verbunden sein; ich esse dieses Gemüse sehr gern.

mangerez-vous de ce brochet? — essen Sie von diesem Hecht?

je crains trop les arêtes. — ich scheue zu sehr die Gräten.

prenez donc un morceau d'anguille. — so nehmen Sie denn ein Stückchen Aal.

ma femme, engagez monsieur à manger quelque chose; — je vais découper ce rôti; assaisonnez, en attendant, la salade. — Frau, bitte den Herrn, etwas zu essen; — ich will diesen Braten zerschneiden; richte Du unterdessen den Salat an.

je ne sais, si je m'en acquitterai bien; — passez-moi l'huilier, avec le poivrier et la salière. — ich weiß nicht, ob ich gut damit umgehen kann; — reiche mir die Oelflasche nebst der Pfeffer- und Salzbüchse.

voyez, monsieur, si elle est à votre goût; je crains de ne pas l'avoir assez retournée. — sehen Sie, ob er nach Ihrem Geschmacke ist; ich fürchte, ihn nicht genug unter einander gerührt zu haben.

elle est délicieuse. — er ist ganz vortrefflich.

11. Fortsetzung.

Vous ne buvez pas; vous préférez peut-être le vin blanc au vin rouge? — Sie trinken ja nicht; vielleicht ziehen Sie weißen Wein dem rothen vor?

voilà du vin de Bourgogne et du Rhin; choisissez. — hier ist Burgunder und hier ist Rheinwein; wählen Sie.

je m'en tiendrai à celui-ci. — ich will mich an diesem hier halten.

Ah, nous en goûterons d'autres. — ei, wir wollen noch andere kosten.

Jeannette! rincez des verres; donnez-nous du Bordeaux — Hannchen, spüle die Gläser aus; gib uns Bordeaux-

et un tire-bouchon, pour déboucher la bouteille.	Wein und einen Korkzieher, um den Pfropfen herauszuziehen.
vous allez me griser.	Sie werden mich berauschen.
n'ayez pas peur; — choquons! à votre santé!	fürchten Sie nicht; — stoßen wir an! auf Ihre Gesundheit!
à la vôtre! — c'est du vin exquis; mais il est fort.	auf die Ihrige! — das ist ein köstlicher Wein; aber er ist stark.
passez-moi la carafe, s'il vous plaît, j'y mettrai un peu d'eau.	reichen Sie mir gefälligst die Wasserflasche; ich will ein wenig Wasser dazu gießen.
accepterez-vous une petite tranche de jambon?	beliebt Ihnen ein Schnittchen Schinken?
je vous remercie; je ne mangerai plus rien.	ich danke Ihnen, ich kann nichts mehr essen.
vous ne refuserez pas un peu de compote de pommes?	Sie werden doch ein wenig Apfelmuß nicht ausschlagen?
je vous rends mille grâces.	ich danke Ihnen vielmal.
il me serait impossible de manger davantage.	es ist mir unmöglich, mehr zu essen.
je suis fâché de n'avoir rien à vous offrir qui puisse vous flatter.	es thut mir leid, daß ich Ihnen nicht mit etwas Besserem aufwarten kann.
tout est excellent et très bien apprêté; mais j'ai copieusement dîné.	Alles ist vortrefflich und sehr gut zubereitet; allein ich habe überflüssig gegessen.
qu'on serve le dessert!	man trage den Nachtisch auf!
voici des gaufres, des confitures, des biscuits, du fruit.	hier sind Waffeln, Konfekt, Biscuit, Obst.
ou bien commencerez-vous par un morceau de fromage de Gruyère?	oder nehmen Sie zuerst ein Stückchen Schweizerkäse?
cela n'est pas de refus.	das schlage ich nicht aus.
buvons encore un coup! voilà des vins de liqueur.	trinken wir noch Eins! hier sind süße Weine.
levons-nous de table, si vous voulez, et passons dans le salon pour prendre le café.	wenn's Ihnen gefällig ist, so wollen wir aufstehen und in den Saal gehen, um Kaffee zu trinken.

12. Vom Tabak.

Continuez de fumer, je vous en prie.	Rauchen Sie nur fort, ich bitte Sie.
je crains que la fumée du tabac ne vous incommode.	ich fürchte, der Tabaksrauch ist Ihnen lästig.
au contraire, je l'aime beaucoup; je fume moi-même.	im Gegentheil, ich habe ihn gern; ich rauche selbst.
dans ce cas, vous me tiendrez compagnie peut-être; voilà une pipe et du tabac.	in diesem Falle werden Sie mir vielleicht Gesellschaft leisten; hier ist eine Pfeife und Tabak.
je l'accepte avec plaisir.	ich nehme es mit Vergnügen an.
vous avez là une superbe tête de pipe; elle est très bien garnie.	Sie haben da einen prächtigen Kopf; er ist sehr gut beschlagen.
la garniture pourrait être plus belle.	der Beschlag könnte schöner sein.
quel beau tuyau de pipe!	welch schönes Pfeifenrohr!
vous préférez peut-être une pipe de terre.	vielleicht ist Ihnen eine irdene Pfeife lieber.
pardonnez-moi, je me servirai de celle-ci; je vais la remplir.	verzeihen Sie, ich werde mich dieser hier bedienen; ich will sie stopfen.
voici le tabac, et voilà une bougie et du papier pour l'allumer.	hier ist der Tabak, und da ist ein Wachsstock nebst Fidibus zum Anzünden.
ce tabac est excellent.	dieser Tabak ist vortrefflich.
c'est du Varinas, une sorte de Canaster.	es ist Varinas, eine Art Kanaster.
on n'en trouve pas de bon dans ce pays-ci.	man bekommt hier zu Lande keinen guten.
on n'a que du tabac qui sent mauvais, et qui vous prend à la gorge.	man hat nur Tabak, der nicht gut riecht und im Halse kratzt.
je vous céderai quelques livres de celui-là, si vous voulez.	ich will Ihnen einige Pfund von diesem hier überlassen, wenn Sie wollen.
vous me rendrez un grand service.	Sie erweisen mir einen großen Dienst.
votre pipe est éteinte, à ce qu'il me semble; voulez-vous la rallumer?	ich glaube, Ihre Pfeife ist ausgegangen; wollen Sie sie wieder anzünden?

non, j'en ai assez; votre tabac est trop fort pour moi.	nein, ich habe genug; Ihr Tabak ist mir zu stark.
ouvrons un peu la fenêtre pour chasser la fumée.	wir wollen das Fenster ein wenig öffnen, um den Dampf zu vertreiben.

13. Von einem Hunde.

Avez-vous vu le petit chien que l'on m'a donné?	Haben Sie das Hündchen gesehen, das man mir geschenkt hat?
non, pas encore.	nein, noch nicht.
c'est la plus drôle de petite bête qu'il y ait au monde.	es ist das drolligste Thierchen von der Welt.
de quelle race est-il?	von welcher Art ist es?
c'est ce que je ne sais pas; il n'est ni caniche, ni braque, ni basset, ni chien-loup, ni carlin.	das weiß ich nicht; es ist weder Pudel noch Spürhund, noch Dachs, noch Spitz, noch Mops.
il est donc d'une race bâtarde?	so ist es denn von Bastardart?
il n'est pas plus gros que mon poing.	es ist nicht größer, als meine Faust.
il a les soies longues comme un épagneul, le museau pointu comme une levrette, et il porte la queue en trompette.	es hat lange Haare, wie ein zottiges Schooßhündchen, die Schnauze spitz, wie ein Windspiel, und seinen Schwanz trägt es geringt.
quelle est sa couleur?	was hat es für eine Farbe?
il est noir, ses oreilles sont blanches, ses pattes sont marquées de feu, et sur le dos il a une tache brune.	es ist schwarz, seine Ohren sind weiß, die Pfoten braunroth, und auf dem Rücken hat es einen braunen Flecken.
sait-il rapporter?	kann es apportiren?
il sait plus que cela: il se met en sentinelle, il donne la patte, et il attrape les souris comme un chat.	es kann noch mehr, als das: es steht Schildwache, gibt die Pfote und fängt Mäuse, wie eine Katze.
voilà un petit animal bien appris; mais n'est-il pas méchant?	das ist ein sehr geschicktes Thierchen; aber ist es nicht böse?
non, il est doux et caressant; quand je lui donne une tape, loin de me	nein, es ist sanft und schmeichelnd; wenn ich ihm einen Streich gebe, so leckt es

mordre, il me lèche la main.	mir die Hand, statt mich zu beißen.
mais pourquoi le frappez-vous?	aber warum schlagen Sie es?
quelquefois, lorsqu'un étranger entre dans la chambre, il saute de sa niche, il jappe, il aboie et fait un train épouvantable.	manchmal, wenn ein Fremder in das Zimmer tritt, springt es aus seinem Winkel, klafft, bellt und macht einen fürchterlichen Lärm.
cela prouve qu'il est de bon guet.	das ist ein Beweis, daß es wachsam ist.
oh, comme un chien de basse-cour.	o, wie ein Hofhund.
lorsqu'il fera des petits, je vous prierai de m'en donner un.	wann es Junge bekommt, so will ich mir eines davon ausbitten.

14. Vom Bade.

Où vas-tu, mon ami?	Wo gehst du hin, Freund?
je vais me baigner, car j'ai bien chaud.	ich will mich baden, denn es ist mir sehr warm.
te mettras-tu dans une baignoire?	wirst du dich in eine Badewanne setzen?
non, je me baignerai dans la rivière.	nein, ich werde mich im Flusse baden.
ne crains-tu pas de te noyer?	ist dir nicht bange, zu ertrinken?
oh non, je sais nager.	o nein, ich kann schwimmen.
qui te l'a appris?	wer hat es dich gelehrt?
l'été dernier j'ai pris quelques leçons à l'école de natation.	vergangenen Sommer habe ich einige Lektionen in der Schwimmschule genommen.
n'y a-t-il pas de danger à l'apprendre?	ist keine Gefahr dabei, es zu lernen?
aucun; les baigneurs vous attachent des vessies sous les bras, et vous retiennent par une corde pour que vous ne puissiez pas aller à fond.	gar keine; die Bader binden Einem Blasen unter die Arme, und halten Einen mit einem Stricke, daß man nicht untersinken kann.
sais-tu aussi plonger?	kannst du auch untertauchen?
oui, tu le verras; je nagerai entre deux eaux, et je	o ja, du sollst es sehen; ich werde unter dem Wasser

te rapporterai un caillou dans ma bouche.

schwimmen und dir einen Kieselstein in meinem Munde bringen.

je voudrais en savoir autant.

dies möchte ich auch können.

rien n'est plus aisé à apprendre que cela; mais il ne faut pas avoir peur de l'eau.

nichts ist leichter zu lernen, als dieses; man muß sich aber nicht vor dem Wasser fürchten.

tiens, voilà justement une nacelle: entrons-y.

sieh, da ist eben ein Nachen: steigen wir hinein.

hé, batelier! conduis-nous dans un endroit où l'on puisse se baigner en sûreté.

he, Schiffer! führ' uns an einen Ort, wo man mit Sicherheit baden kann.

j'en connais un bien bon de l'autre côté de la rivière: je vous y mènerai.

ich weiß einen sehr guten jenseit des Flusses: ich will Sie hinführen.

15. Von der französischen Sprache.

Vous êtes tout à fait enseveli dans les livres; vous étudiez, à ce qu'il paraît.

Sie sind ja ganz in Büchern begraben; Sie studiren, wie es scheint.

j'essaie de traduire du français en allemand.

ich versuche, aus dem Französischen ins Deutsche zu übersetzen.

vous apprenez donc le français?

Sie lernen also Französisch?

la langue française est indispensablement nécessaire; quelque soit l'état auquel on se destine.

die französische Sprache ist unumgänglich nothwendig, welchem Stande man sich auch widmen wolle.

sans doute; elle est d'ailleurs si agréable, si douce et si expressive, que par cette raison seule elle mérite d'être étudiée.

allerdings; zudem ist sie so angenehm, so sanft und ausdrucksvoll, daß sie schon deßwegen allein verdient, studirt zu werden.

comment faites-vous pour apprendre la bonne prononciation?

wie machen Sie es, um eine gute Aussprache zu erlernen?

je fréquente des Français qui prononcent bien.

ich gehe mit Franzosen um, die einen guten Accent haben.

c'est ce que vous pouvez faire de mieux.

das ist das Beste, was Sie thun können.

savez-vous déjà les principales règles de la grammaire?

sind Ihnen die Hauptregeln der Grammatik schon bekannt?

je me suis appliqué à les apprendre par cœur.	ich habe mich befliffen, fie auswendig zu lernen.
cette manière d'apprendre n'est pas mauvaise, mais elle est fatigante.	diefe Art, zu lernen, ift nicht übel, aber fie ift ermüdend.
je ne saurais faire autrement; je commence à présent à lire l'histoire de Charles XII. par Voltaire.	ich kann es nicht anders machen; ich fange jetzt an, die Geschichte Karl's XII. von Voltaire zu lefen.
et comment faites-vous pour profiter de votre lecture?	und wie machen Sie es, um von Ihrer Lektüre Nutzen zu ziehen?
je commence par noter tous les mots qui me sont inconnus, et j'en cherche l'explication dans mon dictionnaire.	ich fchreibe alle mir noch unbekannten Wörter auf, und fuche ihre Erklärung in meinem Wörterbuche.
ensuite je fais un extrait des meilleures phrases et des meilleures expressions, après quoi je traduis les passages que j'ai analysés.	dann mache ich einen Auszug von den beften Redensarten und Ausdrücken, und überfetze nachher die Stellen, welche ich zergliedert habe.
vous vous y prenez fort bien.	Sie greifen es fehr gut an.
parlez-vous souvent français?	fprechen Sie oft Französisch?
quelquefois, quoique je le parle encore bien imparfaitement.	zuweilen, obgleich ich es noch fehr unvollkommen fpreche.
pour apprendre à bien parler, il ne faut pas craindre de parler mal.	um gut fprechen zu lernen, muß man fich nicht fcheuen, fchlecht zu fprechen.

16. Von weiblichen Arbeiten.

Vous voilà bien occupée, ma chère amie: que travaillez-vous donc là?	Sie find fehr befchäftigt, liebe Freundin: was machen Sie denn da?
je fais des chemises pour mon frère.	ich mache Hemden für meinen Bruder.
voilà une couture très bien cousue; où avez-vous appris à coudre?	diefe Naht ift fehr gut genäht; wo haben Sie nähen gelernt?
je l'ai appris chez made-	ich habe es bei Jungfer N.

moiselle N. qui est fort habile dans tous les ouvrages à l'aiguille.

gelernt, die sehr geschickt in allen Nadelarbeiten ist.

oui, c'est une bonne couturière; elle enseigne aussi à faire des robes.

ja, sie ist eine gute Nähterin; sie unterrichtet auch im Kleidermachen.

depuis quand avez-vous cet aiguillier et ces ciseaux anglais?

seit wann haben Sie diese Nadelbüchse und diese englische Scheere?

c'est un présent que j'ai reçu à mon jour de naissance.

es ist ein Geschenk, das ich an meinem Geburtstage bekommen habe.

c'est un fort joli cadeau.

das ist ein sehr hübsches Geschenk.

est-ce vous qui avez ourlé ce mouchoir?

haben Sie dieses Taschentuch gesäumt?

non, c'est ma cousine qui a fait cet ourlet.

nein, meine Base hat diesen Saum gemacht.

il est très bien fait; les ourlets plats me plaisent mieux que les ronds.

er ist sehr gut gemacht; die platten Säume gefallen mir besser, als die runden.

vous avez là une belle bourse garnie en perles.

Sie haben da einen schönen, mit Perlen besetzten Beutel.

c'est ma soeur qui l'a tricotée l'hiver passé.

meine Schwester hat ihn vergangenen Winter gestrickt.

chez qui a-t-elle appris à tricoter en perles?

bei wem hat sie die Perlenstrickerei gelernt?

chez madame B.

bei der Frau B.

c'est un travail assez pénible et qui exige beaucoup de patience.

es ist eine ziemlich schwierige Arbeit, die viel Geduld erfordert.

oui, et quand on n'a pas la vue bonne, les yeux en sont affectés.

ja, und wenn man keine guten Augen hat, werden sie davon angegriffen.

17. Fortsetzung.

Voulez-vous me permettre de tricoter un peu chez vous?

Wollen Sie mir erlauben, ein wenig bei Ihnen zu stricken?

avec plaisir.

mit Vergnügen.

avez-vous votre tricotage avec vous, ou voulez-vous que je vous en donne un?

haben Sie Ihr Strickzeug bei Sich, oder wollen Sie, daß ich Ihnen eins gebe?

4*

je vous suis obligée; je l'ai dans mon ridicule.	ich danke Ihnen; ich habe es in meinem Arbeitsbeutel.
voilà de très beaux bas que vous avez commencés.	Sie haben da sehr schöne Strümpfe angefangen.
vos aiguilles ne sont-elles pas trop fines?	sind Ihre Stricknadeln nicht zu fein?
je ne le pense pas; elles me paraissent assez proportionnées au coton que j'emploie.	ich sollte es nicht denken; sie scheinen mir zu der Baumwolle, die ich nehme, zu passen.
je crois que vous venez de laisser tomber une maille.	ich glaube, Sie haben eben eine Masche fallen lassen.
oui, il y en a même une de rompue; que faire?	ja, es ist sogar eine gerissen; — was soll ich machen?
il n'y a pas de mal, il faut la reprendre.	es schadet nichts, Sie müssen sie wieder stopfen.
voyons un peu, combien vous avez fait de tours, depuis que vous êtes ici.	lassen Sie sehen, wie vielmal Sie herumgestrickt haben, seitdem Sie hier sind.
je crois que j'ai fait douze tours environ.	ich glaube, ich habe etwa zwölfmal herumgestrickt.
vous brodez aussi, n'est-il pas vrai, ma chère?	Sie sticken auch, nicht wahr, meine Liebe?
oui; mais je ne suis pas aussi habile brodeuse que vous.	ja; aber ich bin keine so geschickte Stickerin, als Sie.
brodez-vous au tambourin, à la main, ou au métier?	sticken Sie auf dem Tambourin, auf der Hand oder auf dem Rahmen?
je brode de toutes les manières, à l'aiguille et au crochet.	ich sticke auf jede Art, mit der Nadel und mit dem Häckchen.

18. Beim Abendessen.

Je suis votre serviteur, monsieur.	Ihr Diener, mein Herr.
je viens en passant vous souhaiter le bon soir.	ich komme, Ihnen im Vorbeigehen einen guten Abend zu wünschen.
vous êtes bien bon; je vous suis très obligé de votre aimable visite.	Sie sind sehr gütig; ich bin Ihnen für Ihren lieben Besuch sehr verbunden.
vous plaît-il de vous asseoir?	wollen Sie Sich niederlassen?

comment se porte votre épouse?	wie befindet sich Ihre Frau Gemahlin?
elle se porte assez bien, Dieu merci.	sie befindet sich, Gott sei Dank, ziemlich wohl.
la voilà qui rentre.	da kommt sie eben nach Hause.
bon soir, ma chère amie.	guten Abend, liebe Frau.
madame, j'ai l'honneur de vous souhaiter le bon soir.	Madame, ich habe die Ehre, Ihnen einen guten Abend zu wünschen.
soyez le bien-venu, monsieur.	seien Sie willkommen, mein Herr.
je viens pour m'informer de votre santé, et de celle de votre famille.	ich komme, mich nach Ihrem und Ihrer Familie Befinden zu erkundigen.
je suis bien sensible à votre attention.	ich bin Ihnen sehr verbunden für Ihre Aufmerksamkeit.
prenez place, s'il vous plaît.	nehmen Sie gefälligst Platz.
je ne voudrais pas vous importuner par une trop longue visite.	ich möchte Sie nicht durch einen zu langen Besuch belästigen.
un ami ne nous importune jamais.	ein Freund belästigt uns nie.
mais je m'aperçois que vous vous disposez à souper, et je m'en vais.	aber ich sehe, daß Sie Sich zum Abendessen anschicken; ich gehe.
ce serait mal à propos.	das würde unrecht sein.
nous espérons au contraire que vous voudrez bien être des nôtres.	wir hoffen vielmehr, daß Sie mit uns speisen werden.
vous êtes trop bon, je ne veux pas vous causer de l'embarras.	Sie sind allzu gütig; ich will Ihnen keine Umstände verursachen.
aucunement; vous vous contenterez de ce que nous avons.	keineswegs; Sie werden fürlieb nehmen mit dem, was wir haben.
entre amis on agit sans cérémonies.	mit Freunden macht man keine Umstände.

19. Fortsetzung.

Savez-vous, ma chère femme, ce que nous avons à souper?	Weißt du, liebe Frau, was wir zum Abendessen haben?
à la vérité, pas grand'chose: nous n'avons que des vi-	nicht viel, in der That: wir haben nur kalte Küche,

andes froides, de la sa-
lade et des oeufs durs.

Salat und harte Eier.

c'est tout ce qu'il faut; je
ne fais pas grand cas du
souper, le dîner étant mon
meilleur repas.

das ist hinreichend; ich mache
mir nicht viel aus dem
Abendessen, da das Mittag=
essen meine Hauptmahlzeit
ist.

je suis de même; voilà pourquoi je mange très peu à
souper.

es geht mir eben so; deß=
halb esse ich des Abends sehr
wenig.

je suis réduit à une sorte
de diète, parce que j'ai
un mauvais estomac.

ich bin an eine Art Diät ge=
bunden, weil ich einen schwa=
chen Magen habe.

on prétend que le jambon
le fortifie.

man behauptet, der Schinken
stärke ihn.

dans ce cas, je vous enga-
gerai à en manger une
petite tranche.

wenn dies der Fall ist, so er=
suche ich Sie, ein Schnittchen
davon zu essen.

je vous remercie; je ne
prendrai qu'un peu de
pain, de beurre et de
fromage.

ich danke Ihnen; ich werde
nur ein wenig Brod, Butter
und Käse essen.

une assiette de soupe ne
vous fera pas de mal.

ein Teller Suppe wird Ihnen
nicht schaden.

j'en prendrai un peu, pour
vous obéir.

ich will ein wenig davon essen,
um Ihnen zu gehorchen.

mangez encore un petit morceau de ce rôti froid.

essen Sie noch ein Stückchen
von diesem kalten Braten.

je vous suis très obligé, je
ne saurais manger davan-
tage.

ich bin Ihnen sehr verbun=
den, ich kann nichts mehr
essen.

souhaitez-vous prendre du
vin ou de la bière?

wünschen Sie Wein oder Bier
zu trinken?

je vous prie de me donner
un verre de bière.

ich bitte Sie, mir ein Glas
Bier zu geben.

vous voyez que j'agis tout
comme si j'étais chez moi.

Sie sehen, daß ich thue, als
ob ich zu Hause wäre.

c'est ainsi qu'il faut être
avec de bons amis.

so muß man bei guten Freun=
den sein.

mais il est temps de me
retirer.

aber es ist Zeit, wegzugehen.

je vous remercie de toutes
les bontés que vous m'avez
témoignées.

ich danke Ihnen für alle mir
erwiesene Güte.

vous me rendez confus; c'est

Sie beschämen mich; es ist

à nous de vous remercier d'avoir bien voulu être des nôtres.	an uns, Ihnen zu danken, daß Sie bei uns haben bleiben wollen.
monsieur, madame, j'ai l'honneur de vous saluer et de vous souhaiter le bon soir.	mein Herr, Madam, ich habe die Ehre, mich Ihnen zu empfehlen und Ihnen gute Nacht zu wünschen.
bon soir, mon ami, reposez bien.	gute Nacht, mein Freund, schlafen Sie wohl.

20. Vom Schlafengehen.

D'où vient, mon ami, que tu rentres de si bonne heure aujourd'hui?	Wie kommt's, mein Freund, daß du heute so früh nach Hause kommst?
j'ai sommeil, je vais me coucher.	ich bin schläfrig, ich will zu Bette gehen.
comment, à l'heure qu'il est?	wie, jetzt schon?
je n'ai pas dormi la nuit passée, j'ai besoin de repos.	ich habe vergangene Nacht nicht geschlafen, ich bedarf der Ruhe.
que dis-tu? je t'ai entendu ronfler!	was sagst du? ich habe dich schnarchen gehört!
tu te trompes; je n'ai pas fermé l'oeil de toute la nuit.	du irrst dich; ich habe die ganze Nacht kein Auge zugethan.
tu as dormi profondément, te dis-je; je crois même que tu as fait quelque mauvais rêve, car tu as crié comme un aveugle.	du warst in tiefem Schlafe, sag' ich dir; ich sollte beinahe glauben, daß du einen üblen Traum gehabt hättest, denn du hast geschrieen wie ein Zahnbrecher.
je ne me rappelle pas d'avoir rêvé.	ich erinnere mich nicht, geträumt zu haben.
quant à moi, je n'ai pu dormir, parce que mon lit était mal fait.	was mich anbelangt, so habe ich nicht schlafen können, weil mein Bett schlecht gemacht war.
je n'en puis plus de sommeil; je suis sûr que je dormirai bien.	ich kann mich vor Schlaf nicht mehr halten; ich werde gewiß gut schlafen.
veux-tu que je t'éveille demain de grand matin?	willst du, daß ich dich morgen in aller Frühe wecke?
non, j'aime à sommeiller le	nein, ich schlummere gern

matin; je ne me lèverai que vers dix heures.	des Morgens; ich werde erst gegen zehn Uhr aufstehen.
tu veux donc dormir la grasse matinée?	du willst also in den Tag hinein schlafen?
dois-je éteindre la chandelle?	soll ich das Licht auslöschen?
tu n'as qu'à l'emporter.	du kannst es mit fortnehmen.
es-tu déjà couché?	liegst du schon im Bette?
oui.	ja.
bonne nuit! bon repos!	gute Nacht! angenehme Ruhe!

21. Von einem Hause.

Êtes-vous le portier de cette maison?	Sind Sie der Pförtner dieses Hauses?
pour vous servir.	Ihnen aufzuwarten.
j'ai vu par l'écriteau qui est à la porte-cochère, que cette maison est à vendre.	ich sah an dem Zettel, der an dem Hausthore ist, daß dieses Haus zu verkaufen steht.
voulez-vous me la faire voir?	wollen Sie mich es sehen lassen?
oui, monsieur, je m'en vais prendre les clefs.	ja, mein Herr, ich will sogleich die Schlüssel holen.
quel voisinage avez-vous?	was haben Sie für Nachbarschaft?
il n'y a pas, j'espère, de maréchal-ferrant, de menuisier ou de serrurier dans les environs?	es ist doch hier herum, hoff' ich, kein Hufschmid, kein Tischler oder Schlosser?
mon Dieu, non, nous sommes ici dans un des quartiers les plus tranquilles de la ville.	behüte Gott! wir sind hier in einem der ruhigsten Viertel der Stadt.
combien avez-vous de locataires pour le moment?	wie viele Miethleute haben Sie jetzt?
nous n'en avons que deux; l'un occupe le rez-de-chaussée et l'autre le troisième étage.	wir haben nur zwei; der eine bewohnt das Untergeschoß und der andere den dritten Stock.
quels gens sont-ce?	was sind es für Leute?
ce sont deux ménages dont on ne s'aperçoit presque pas.	es sind zwei Familien, die man kaum merkt.
parcourons d'abord le bas;	wir wollen erst das Untere

je vois que cette maison a deux cours.

besehen; das Haus hat zwei Höfe, wie ich sehe.

oui, monsieur; cette première est belle, carrée et fort propre.

ja, mein Herr, der erste ist schön, viereckig und sehr reinlich.

dans l'arrière-cour il y a les écuries, les remises et plusieurs bûchers.

in dem hintern Hofe sind die Stallungen, die Wagenschoppen und mehre Holzbehältnisse.

montrez-moi tout ce que contient l'arrière-cour.

zeigen Sie mir alles, was der hintere Hof enthält.

voilà d'abord les écuries; celle-ci est pour six chevaux.

hier sind die Ställe; dieser ist für sechs Pferde.

l'autre n'est que pour quatre chevaux; mais elle est belle aussi, claire, sèche et bien fermée.

jener ist nur für vier Pferde, aber auch sehr schön, hell, trocken und gut verwahrt.

j'ai vu, cela n'est pas mal; voyons à présent les remises.

das hab' ich gesehen; nicht übel! jetzt wollen wir die Schoppen betrachten.

les voici; cinq grandes voitures y ont commodément place.

hier sind sie; fünf große Wagen haben bequem darin Platz.

montrez-moi à présent la maison, et s'il nous reste du temps, je serai bien aise de voir aussi le jardin.

zeigen Sie mir jetzt das Haus; und bleibt uns Zeit übrig, so soll es mir lieb sein, wenn ich den Garten auch sehen kann.

oh! pour celui-ci, il est de toute beauté.

o, der ist ungemein schön!

22. Fortsetzung.

Nous voici, monsieur, à l'entrée de la maison.

Hier sind wir am Eingange zum Hause.

elle me plaît beaucoup; les voitures peuvent en sortir et y entrer à leur aise.

er gefällt mir sehr; die Wagen können bequem aus- und einfahren.

la maison est sans contredit une des plus belles de la ville.

das Haus ist unstreitig eines der schönsten in der Stadt.

elle est construite en pierres de taille, et les toits sont couverts en ardoise.

es ist von Quadersteinen erbaut, und die Dächer sind mit Schiefer gedeckt.

où est le grand escalier?	wo ist die Haupttreppe?
ici, sous le vestibule; il est large et bien éclairé, comme vous voyez.	hier in dem Vorhause; sie ist breit und wohl beleuchtet, wie Sie sehen.
les marches en sont commodes, et la rampe est bien travaillée.	die Stufen sind bequem, und das Geländer ist gut gearbeitet.
voici l'antichambre; donnez-vous la peine d'entrer.	hier ist das Vorzimmer; belieben Sie hinein zu treten.
presque toutes les portes de la maison sont, comme celle-ci, à deux battants.	beinahe alle Thüren des Hauses sind; wie diese, mit zwei Flügeln.
ceci est la salle à manger qui a un balcon.	dies ist der Speisesaal, der einen Altan hat.
le salon de compagnie est fort élégant.	der Gesellschaftssaal ist sehr geschmackvoll.
nous y voilà; vous verrez qu'il n'y a pas un clou à mettre.	das ist er; Sie werden sehen, daß nicht ein Nagel darin fehlt.
les autres chambres sont toutes de plain-pied.	die übrigen Zimmer stoßen alle an einander.
voici la chambre à coucher, le cabinet de toilette, les chambres de demeure qui ont nombre de commodités.	hier ist das Schlafgemach, hier das Ankleidezimmer, hier sind die Wohnzimmer, welche eine Menge Bequemlichkeiten enthalten.
il n'y a pas une seule cheminée qui fume.	nicht ein einziger Kamin raucht.
la cuisine, l'office, tout est propre et garni d'armoires.	die Küche, die Speisekammer, Alles ist reinlich und mit Schränken versehen.

23. Schluß.

Conduisez-moi maintenant au jardin.	Führen Sie mich nun in den Garten.
nous n'avons que cet escalier à descendre, et nous nous trouvons à la grille.	wir dürfen nur diese Treppe hinunter gehen, so sind wir am Gitter.
ah! qu'il est charmant!	ei! allerliebst!
ces deux pavillons sont d'une très belle architecture.	diese zwei Gartenhäuser sind von sehr schöner Bauart.
voilà aussi une bien jolie volière.	hier ist auch ein recht niedliches Vogelhaus.

je vous réserve le plus beau; nous allons y arriver.	das Schönste hebe ich Ihnen noch auf; wir werden gleich dabei sein.
admirez, je vous prie, monsieur, cette superbe allée de tilleuls.	bewundern Sie nicht diese prächtige Lindenallee, mein Herr?
en plein midi on y est à l'ombre.	selbst in der Mittagssonne: gewährt sie Schatten.
elle est fort belle.	sie ist sehr schön.
où aboutit-elle?	wo führt sie hin?
à un petit hermitage que j'aurai l'honneur de vous montrer aussi.	zu einer kleinen Einsiedelei, die ich auch die Ehre haben werde, Ihnen zu zeigen.
mais voilà qui est charmant!	wirklich allerliebst!
je suis bien content de ce que j'ai vu.	ich bin mit dem, was ich gesehen habe, sehr zufrieden.
j'ai cependant oublié un des principaux articles: les caves sont-elles belles?	einen Hauptpunct habe ich aber doch vergessen: sind die Keller gut?
elles sont belles et profondes, et contiennent au moins cent pièces de vin.	sie sind schön und tief, und es können wenigstens hundert Fässer Wein darin liegen.
je les verrai, ainsi que les greniers, quand je reviendrai demain avec mon architecte.	ich werde sie nebst den Böden besehen, wenn ich morgen mit meinem Baumeister wiederkomme.
si vous voulez, j'avertirai le propriétaire, afin qu'il s'y trouve en même temps.	wenn Sie wollen, so will ich den Eigenthümer davon benachrichtigen, damit er sich zu gleicher Zeit einfinde.
je vous en serai obligé; je repasserai vers midi.	Sie werden mich dadurch verbinden; gegen Mittag werde ich da sein.

24. Mit dem Tapezierer.

Je viens voir vos meubles; j'ai un appartement à meubler.	Ich komme, um Ihre Möbel zu besehen; ich habe eine Wohnung zu möbliren.
vous trouverez chez moi tout ce qu'il vous faudra.	Sie finden bei mir alles, was Sie brauchen.
voulez-vous des meubles riches, en acajou, en no-	wollen Sie kostbare Möbel von Mahagoniholz, von

yer, en chêne, ou simplement en bois peint?	Nußbaumholz, von Eichenholz, oder nur einfache, angestrichene?
c'est selon; ce meuble de salon en cramoisi est-il complet?	je nachdem; — sind diese karmosinrothen Möbel zu einem Saale vollständig?
oui; il consiste en six fauteuils, douze chaises, deux bergères et un sofa.	ja; sie bestehen in sechs Armsesseln, zwölf Stühlen, zwei Ruhesesseln und einem Sopha.
il y a aussi des housses pour chaque pièce.	auch ist für jedes Stück ein Ueberzug da.
il n'a pas l'air frais.	sie sehen nicht neu aus.
pardonnez-moi, il sort des mains de l'ouvrier; voyez la façon, elle est du dernier goût.	verzeihen Sie, sie kommen erst aus der Arbeit; besehen Sie die Form, sie ist nach dem neuesten Geschmack.
faites-moi voir des secrétaires.	zeigen Sie mir Schreibtische.
j'en ai de bien beaux; en voilà un en bois madré, et voici un autre en bois d'acajou.	ich habe sehr schöne; da ist einer von Maserholz, und hier ein anderer von Mahagoni.
je prendrai ce dernier, s'il n'est pas trop cher.	ich will diesen letztern nehmen, wenn er nicht zu theuer ist.
nous nous arrangerons.	wir werden schon fertig werden.
montrez-moi maintenant des commodes.	zeigen Sie mir nun Commoden.
passez ici, s'il vous plaît, en voilà de toutes sortes.	beliebt Ihnen, hieher zu kommen? hier sind von allen Sorten.
celle-là est bien riche; le dessus est de marbre de Flandre.	diese da ist sehr kostbar; das Blatt ist von flammändischem Marmor.
je l'examinerai après.	ich will sie nachher besehen.

25. Fortsetzung.

J'ai besoin aussi de quelques tables.	Ich habe auch einige Tische nöthig.
j'en suis bien fourni; voici des tables à trois fins:	ich bin gut damit versehen; hier sind Tische zu dreifa=

des tables ployantes, des tables à thé et autres.

chem Gebrauche: Tische, die man zusammenlegen kann, Theetische und andere.

il me faudrait principalement une table à manger de douze couverts, avec des alonges.

ich muß vor Allem einen Speisetisch mit Auszügen zu zwölf Personen haben.

je n'en ai pas de si grandes pour le moment.

in diesem Augenblick habe ich keine so großen.

à propos, vous avez aussi des glaces et des miroirs?

ei, Sie haben ja auch große und gewöhnliche Spiegel?

de quelle grandeur vous les faut-il?

von welcher Größe brauchen Sie sie?

il me les faut à peu près de quatre pieds six pouces de large sur sept de haut.

ich muß sie ungefähr von vier Fuß sechs Zoll Breite und sieben Fuß Höhe haben.

je passerai chez vous pour prendre la mesure.

ich will zu Ihnen kommen, um das Maß zu nehmen.

n'avez-vous pas aussi besoin de buffets, de toilettes, de chiffonnières, de tables de nuit, de bois de lit, de tapis de pied et de meubles communs?

brauchen Sie nicht auch Glasschränke, Putztischchen, Damentischchen, Nachttischchen, Bettstellen, Fußteppiche, oder gemeines Hausgeräthe?

je repasserai demain, et je vous apporterai une note de tout ce qu'il me faudra.

ich will morgen wiederkommen und Ihnen ein Verzeichniß bringen von allem, was ich nöthig habe.

26. Mit dem Gärtner.

Que faites-vous là, Henri?

Was macht Ihr da, Heinrich?

j'arrose les planches et le parterre.

ich begieße die Beete und Blumenbeete.

avez-vous tondu la haie vive qui entoure le boulingrin?

habt Ihr den lebendigen Zaun um den Rasenplatz her beschnitten?

j'ai remis ce travail à demain; je n'avais pas de serpe.

ich habe diese Arbeit auf morgen verschoben, weil ich kein Gartenmesser hatte.

vous n'avez pas non plus échenillé ces arbustes et ces espaliers.

Ihr habt auch diese Stauden und Spaliere nicht von Raupen gereinigt.

qu'avez-vous donc fait hier?

was habt Ihr denn gestern gethan?

j'ai travaillé dans la serre et dans la pépinière, tandis que ma femme a arraché la mauvaise herbe dans les plates-bandes du potager.

ich habe im Treibhause und in der Baumschule gearbeitet, während meine Frau in den Rabatten des Gemüsegartens das Unkraut ausgerissen hat.

aujourd'hui j'ai mis des tuteurs à quelques arbres fruitiers, et puis de l'engrais dans cette planche d'asperges, et je viens dans ce moment de la couche.

heute habe ich Pfähle an einige Obstbäume gebunden, dann dieses Spargelbeet gedüngt, und jetzt komme ich eben vom Mistbeete.

avez-vous aussi greffé l'abricotier qui est là-bas près du berceau?

habt Ihr auch den Aprikosenbaum da unten bei der Bogenlaube gepfropft?

pas encore; je ne savais si je devais prendre une greffe de pêcher, de prunier ou d'amandier.

noch nicht; ich wußte nicht, ob ich ein Pfropfreis von einem Pfirsichbaum, Pflaumenbaum oder Mandelbaum nehmen sollte.

faites comme vous jugerez à propos.

macht es, wie Ihr es für gut findet.

27. Fortsetzung.

Aurai-je cette année des reines-claudes?

Werde ich dieses Jahr grüne Mirabellen bekommen?

elles n'ont pas donné: le froid leur a fait beaucoup de tort.

sie sind nicht gerathen: der Frost hat ihnen vielen Schaden gethan.

voici des pêches qui mûrissent à vue d'oeil; je vous cueillerai la plus mûre, si vous voulez en goûter.

hier sind Pfirsichen, die zusehends reifen; ich will Ihnen die reifste brechen, wenn Sie eine kosten wollen.

donnez que je la pèle.

gebt sie her, ich will sie schälen.

ah, elle est sure! le noyau est encore tendre, la peau et la chair sont vertes.

ach, sie ist sauer! der Kern ist noch weich, die Haut und das Fleisch sind grün.

dans une huitaine de jours elles seront toutes mûres.

in Zeit von acht Tagen werden sie alle reif sein.

il me tarde de manger des nois; prenez garde de ne pas en laisser passer la saison.

ich sehne mich nach Nüssen; gebt Acht, daß Ihr die Zeit dazu nicht vorbeigehen lasset.

soyez tranquille; je vous en abattrai avant qu'elles ne s'écalent facilement.

seien Sie unbeforgt; ich werde Ihnen welche abschlagen, ehe sie sich leicht schälen lassen.

vous ferez bien; mais ayez aussi soin des plantes potagères.

Ihr werdet wohl daran thun; forgt aber auch für die Küchengewächse.

je ne les oublie pas; voyez ces choux, ces navets, ces carottes, ces haricots, ces concombres, ces betteraves: comme tout cela pousse!

ich vergeffe sie nicht; sehen Sie diesen Kohl, diese Steckrüben, diese gelben Rüben, Bohnen, Gurken, rothen Rüben: wie dies alles so schön wächst!

allons, continuez votre ouvrage, je suis content de vous.

nun, setzt Eure Arbeit fort; Ich bin mit Euch zufrieden.

28. Vom Schauspiele.

Avez-vous été au spectacle hier, pour voir la première représentation des deux pièces nouvelles?

Waren Sie gestern im Schauspiele, um die erste Vorstellung der zwei neuen Stücke zu sehen?

oui, mais j'étais mal placé, de manière que je n'ai pas bien vu.

ja, ich hatte aber einen schlechten Platz, so daß ich nicht recht sehen konnte.

où étiez-vous donc?

wo waren Sie denn?

ne trouvant plus de place, ni au parterre ni aux premières loges, j'ai été obligé de monter au paradis.

da ich keinen Platz mehr, weder im Parterre noch in den ersten Logen, fand, so war ich genöthigt, auf die Gallerie zu gehen.

moi, j'étais assis sur une banquette non loin de l'orchestre.

ich saß auf einer Bank nicht weit vom Orchester.

dans les entr'actes j'ai fait un tour au foyer, et j'ai cru vous avoir aperçu auprès du buffet.

in den Zwischen=Acten ging ich einen Augenblick in den Wärmesaal, und ich glaubte, Sie am Büffet gesehen zu haben.

ce n'était pas moi, car je n'ai pas bougé de ma place.

das war ich nicht, denn ich bin nicht von meiner Stelle gewichen.

que dites-vous de l'opéra?

was halten Sie von der Oper?

j'en ai été parfaitement content; il a été très bien joué et généralement applaudi.

ich war vollkommen zufrieden damit; sie wurde sehr gut gegeben und allgemein beklatscht.

il m'était déjà connu, car j'avais assisté à la répétition.

sie war mir schon bekannt, denn ich hatte der Probe beigewohnt.

les décorations et les costumes sont charmants, et les changements de théâtre se sont faits avec une vitesse surprenante.

die Decorationen und das Kostüm sind allerliebst, und die Theaterverwandlungen wurden mit einer überraschenden Geschwindigkeit gemacht.

la musique était aussi délicieuse; l'ouverture surtout m'a fait plaisir.

die Musik war auch ganz vortrefflich; die Ouvertüre machte mir besonders Vergnügen.

que pensez-vous de la jeune actrice qui a débuté?

was halten Sie von der jungen Schauspielerin, die zum ersten Mal aufgetreten ist?

elle a beaucoup de grâces dans ses gestes, un physique fort agréable et un organ charmant.

sie hat viel Grazie in ihren Geberden, ein sehr angenehmes Aeußeres und eine reizende Stimme.

je suis de votre avis: c'est un excellent sujet.

ich bin Ihrer Meinung; sie ist ein vortreffliches Subject.

avez-vous aussi vu la seconde pièce?

haben Sie auch das zweite Stück gesehen?

oui, elle n'a pas été bien reçue.

ja, es ist nicht gut aufgenommen worden.

il y avait une terrible cabale; les uns claquaient des mains, les autres sifflaient impitoyablement.

es war eine fürchterliche Kabale; die Einen klatschten mit den Händen, die Andern pfiffen ganz unbarmherzig.

à la troisième scène du second acte on a été obligé de baisser la toile.

beim dritten Auftritt des zweiten Aufzugs mußte man den Vorhang fallen lassen.

est-elle donc si mauvaise?

war es denn so schlecht?

insupportable: elle manque d'ensemble, et est pleine d'invraisemblances.

unausstehlich: — das Ganze hat keinen Zusammenhang, und es ist voller Unwahrscheinlichkeiten.

en outre l'acteur qui joue le bas comique a tellement chargé son rôle, que tout le monde s'est mis à crier: à bas le polichinel!

überdies hat der Schauspieler, welcher die niedrig=komischen Rollen spielt, die seinige so übertrieben, daß Jedermann schrie: fort mit dem Hans=wurst!

c'est bien fait; il ne faut avoir aucune indulgence pour de mauvais farceurs.

das ist recht; man muß mit elenden Possenreißern keine Nachsicht haben.

29. Im Konzert.

Je suis charmé de vous rencontrer ici; vous êtes, sans doute, amateur de musique?

Es freut mich sehr, Sie hier anzutreffen; Sie sind ohne Zweifel ein Liebhaber der Musik?

je l'aime beaucoup; je suis venu pour entendre la nouvelle symphonie qui sera exécutée à grand orchestre.

ein großer Liebhaber; ich bin hieher gekommen, um die neue Symphonie, die mit großem Orchester gegeben werden soll, zu hören.

je m'en fais une haute idée, car je vois que l'orchestre est bien composé: il y a un grand nombre de violons et d'instruments à vent.

ich verspreche mir auch viel davon, denn ich sehe, daß das Orchester gut besetzt ist: es sind hier eine Menge Violinen und Blasinstrumente.

c'est un très bon musicien qui joue de la contrebasse.

ein sehr guter Musiker streicht den Kontrabaß.

qui est-ce qui conduira l'orchestre et battra la mesure?

wer wird die Musik leiten und den Tact schlagen?

c'est le maître de chapelle; l'ouverture que vous allez entendre, est de sa composition.

der Kapellmeister; die Ouver=türe, die Sie jetzt hören werden, ist von ihm.

chut! elle commence.

stille! sie fängt an.

comment la trouvez-vous?

wie gefällt sie Ihnen?

délicieuse. Le premier violon conduit très bien.

unvergleichlich. Der erste Vio=linist führt sehr gut.

Mademoiselle N. va chanter un duo avec monsieur O. qui est une excellente basse-taille.

Fräulein N. wird nun ein Duett mit Herrn O. singen, der eine vortreffliche Tenor=stimme hat.

elle chante à ravir; sa voix est douce et mélodieuse.	sie singt zum Entzücken; ihre Stimme ist sanft und melodisch.
c'est pour la première fois que cette jeune cantatrice se fait entendre en public.	es ist das erste Mal, daß diese junge Sängerin öffentlich singt.
écoutez à présent cette haute-contre chanter un air de bravoure.	hören Sie nun diesen Altsänger eine Bravour-Arie singen.
ah ciel! il chante en fausset; cela m'écorche les oreilles.	Potz Himmel! er singt durch die Fistel; das thut mir in den Ohren weh.
au surplus, il est mal accompagné.	auch wird er schlecht accompagnirt.
ne jouez-vous pas vous-même de quelque instrument?	spielen Sie nicht selbst auch ein Instrument?
je joue du violon.	ich spiele Violine.
vous êtes d'une grande force, sans doute?	Sie sind ohne Zweifel stark darauf?
pas trop; je me suis beaucoup négligé.	nicht sonderlich; ich habe es sehr vernachlässigt.
faites-moi l'amitié de venir quelque-fois chez moi le soir; nous ferons de la musique ensemble.	erweisen Sie mir die Freundschaft und kommen Sie zuweilen Abends zu mir; wir wollen dann zusammen spielen.
je profiterai de vos offres obligeantes.	ich werde von Ihrem gütigen Anerbieten Gebrauch machen.

30. Zwischen einem Kaufmann und seinem Comptoiristen.

Êtes-vous seul au comptoir?	Sind Sie allein im Comptoir?
oui, monsieur, le caissier est allé chez votre banquier pour toucher le montant de la lettre de change sur Hambourg.	ja, mein Herr, der Cassirer ist zu Ihrem Wechsler gegangen, um den Betrag des hamburger Wechsels in Empfang zu nehmen.
et l'apprenti?	und der Lehrling?
il est à la douane, pour retirer quelques marchandises arrivées par voie d'eau.	er ist im Zollamt, um einige zu Wasser eingegangene Waaren abzuholen.

je leur ai dit plusieurs fois de ne pas s'absenter tous en même temps.	ich habe ihnen schon mehrmals gesagt, sich nicht alle auf einmal zu entfernen.
expédiez tout de suite cette caisse de verroterie, portez la facture en attendant sur le brouillon, et ajoutez-y six écus pour droits dé commission, emballage et faux frais.	spediren Sie sogleich diese Kiste mit Glaswaaren; tragen Sie die Factura unterdessen in die Kladde, und setzen Sie sechs Thaler für Kommissionsgebühr, Verpackung und Nebenkosten dazu.
fort bien, monsieur.	sehr wohl, mein Herr.
le crocheteur viendra tantôt la prendre; le roulier l'attend pour la charger.	der Packträger wird sie hernach abholen; der Fuhrmann wartet darauf, um sie zu laden.
n'oubliez pas de lui remettre la lettre de voiture.	vergessen Sie nicht, ihm den Frachtbrief zu übergeben.
avez-vous été chez l'agent de change pour faire négocier le papier sur Amsterdam?	sind Sie bei dem Wechselmakler gewesen, um das Briefchen auf Amsterdam negociiren zu lassen?
pas encore; j'ai dû écrire à notre expéditeur à Francfort au sujet du baril d'eau-de-vie dont il nous marque ne pas connaître la destination.	noch nicht; ich mußte unserm Spediteur in Frankfurt wegen des Fäßchens Branntwein schreiben, wovon er, wie er meldet, die Bestimmung nicht weiß.
il n'avait pas reçu alors la lettre d'avis; elle doit être actuellement entre ses mains.	er hatte damals den Avisbrief noch nicht erhalten; jetzt muß er aber in seinen Händen sein.

31. Mit einem Wechsler.

J'ai l'honneur de vous présenter une lettre de change tirée sur vous, et endossée à mon ordre.	Ich habe die Ehre, Ihnen einen auf Sie gezogenen und an mich indossirten Wechsel zu präsentiren.
je ne puis l'accepter, je n'ai ni avis ni fonds de la part du tireur.	ich kann ihn nicht acceptiren; ich habe weder Bericht noch Deckung vom Aussteller.
elle n'est pas encore échue, elle est à usance.	er ist noch nicht verfallen, er ist auf Uso.

Ahn's Handbuch. 6. Aufl.

5

je reconnais bien la signature de mon correspondant; j'y ferai honneur le jour de l'échéance, si d'ici à ce temps je reçois de ses ordres.	ich erkenne wohl die Unterschrift meines Korrespondenten, und will ihn zur Verfallzeit honoriren, wenn ich inzwischen von ihm dazu beauftragt werde.
n'aurai-je pas besoin de la faire protester?	werde ich ihn nicht müssen protestiren lassen?
vous pouvez lui épargner les frais de protêt.	Sie können ihm die Protestkosten ersparen.
voulez-vous acquitter cette autre traite que voilà? elle est payable à vue.	wollen Sie diese andere Tratte hier bezahlen? sie ist auf Sicht.
oui, je vais vous compter la somme.	ja, ich will die Summe gleich zählen.
ne vous êtes-vous pas trompé? je trouve qu'il y manque l'appoint d'un ducat.	haben Sie Sich nicht geirrt? ich finde, daß ein Dukaten zur Ausgleichung fehlt.
voilà le bordereau; j'ai déduit deux écus quatorze gros pour l'agio des pièces d'or et quatre gros pour le sac.	hier ist der Sortenzettel; ich habe zwei Thaler vierzehn Groschen für das Aufgeld der Goldstücke, und vier Groschen für den Sack abgezogen.
donnez-moi plutôt des billets de banque, je les prendrai au cours.	geben Sie mir lieber Banknoten, ich nehme sie nach dem Kurs.
le cours n'est pas favorable dans ce moment.	der Kurs ist in diesem Augenblicke nicht vortheilhaft.
cela m'étonne; il n'y a pas deux jours qu'ils étaient encore au pair.	das wundert mich; es sind kaum zwei Tage, daß sie al pari standen.
demandez à un agent de change, il vous le dira.	fragen Sie einen Sensal, er wird es Ihnen sagen.
j'attendrai donc qu'ils reprennent faveur.	so will ich denn warten, bis sie wieder steigen.

32. Mit einem Arzte.

Monsieur, j'ai pris la liberté de vous envoyer chercher.	Mein Herr, ich habe mir die Freiheit genommen, Sie rufen zu lassen.
je crains d'avoir besoin de votre assistance.	ich fürchte, Ihres Beistandes zu bedürfen.

comment vous trouvez-vous en ce moment?	wie befinden Sie Sich in diesem Augenblicke?
je ne sais; je ne suis pas bien du tout.	ich weiß nicht; mir ist durchaus nicht wohl.
je me sens bien malade.	ich fühle mich sehr krank.
je suis d'une faiblesse étonnante.	ich bin erstaunlich schwach.
j'ai de la peine à me tenir sur mes jambes.	ich habe Mühe, mich auf den Beinen zu erhalten.
comment cela a-t-il commencé?	wie hat es begonnen?
cela me prit avant-hier par un frisson.	es überfiel mich vorgestern ein Frösteln.
ensuite j'ai sué beaucoup, et j'ai toujours été mal depuis.	dann habe ich sehr geschwitzt, und mich seitdem immer unwohl befunden.
avez-vous senti des maux de coeur?	haben Sie Uebelkeiten gehabt?
oui, dans le premier instant; mais cela s'est dissipé, et il m'est resté un mal de tête épouvantable.	ja, im ersten Augenblicke; aber es ist dann vergangen, und mir nur ein unerhörter Kopfschmerz geblieben.
où sentez-vous du mal actuellement?	wo fühlen Sie jetzt Schmerzen?
je sens des douleurs d'entrailles.	ich habe Leibschneiden.
j'ai des envies de vomir.	ich fühle Neigung zum Erbrechen.
montrez-moi votre langue.	zeigen Sie mir die Zunge.
vous avez la langue un peu chargée.	Sie haben eine etwas belegte Zunge.
votre pouls est agité.	Ihr Puls ist bewegt.
vous avez un peu de fièvre.	Sie haben etwas Fieber.
croyez-vous ma maladie dangereuse?	halten Sie meine Krankheit für gefährlich?
non; mais il faut prendre garde qu'elle ne le devienne.	nein; aber Sie müssen Sich in Acht nehmen, daß sie es nicht werde.
que faut-il que je fasse?	was soll ich thun?
il vous faudra prendre une petite médecine.	Sie werden etwas Arznei nehmen müssen.
ayez soin de vous tenir chaudement.	halten Sie Sich warm.

tâchez de ne point attraper froid. — hüten Sie Sich vor Erkältung.

cela ne sera rien de sérieux. — das wird nichts Ernstliches sein.

dans deux ou trois jours vous serez guéri. — in zwei oder drei Tagen werden Sie wieder hergestellt sein.

adieu; je vous reverrai demain matin. — ich empfehle mich Ihnen; morgen früh werde ich Sie wiedersehen.

33. Mit einem Pferdehändler.

Je voudrais acheter un cheval. — Ich wünschte, ein Pferd zu kaufen.

quel cheval désirez-vous? voulez-vous un cheval entier, un hongre ou une jument? un cheval de trait ou de carrosse, ou bien un cheval de selle? — was für eines verlangen Sie? wollen Sie einen Hengst, einen Wallach oder eine Stute? ein Zug= oder ein Wagenpferd, oder ein Reitpferd?

j'en voudrais un à deux mains. — ich möchte eins, das zum Reiten und Fahren zu gebrauchen ist.

entrez dans l'écurie, vous en verrez beaucoup. — kommen Sie in den Stall, da werden Sie viele sehen.

en voici de noirs, de blancs, des alezans et des chevaux pies; choisissez. — hier sind Rappen, Schimmel, Füchse und Schecken; wählen Sie.

peu m'importe la couleur, pourvu qu'il soit bon et bien dressé. — die Farbe ist mir gleichgültig, wenn es nur gut und schulgerecht ist.

si vous voulez vous en rapporter à moi, je vous recommanderai ce courtaud-là. — wenn Sie Sich auf mich verlassen wollen, so rathe ich Ihnen zu diesem Stumpfschwanze.

il est bien ramassé et traversé. — er ist untersetzt, und stark von Brust und Kreuz.

voyez sa superbe encolure, sa queue et sa crinière — betrachten Sie seinen prächtigen Hals, seinen Schweif und seine Mähne.

comme il dresse les oreilles! — wie er die Ohren spitzt!

quel âge a-t-il? — wie alt ist er?

il est tout jeune, il n'a pas — er ist noch sehr jung, er hat

encore poussé ses crochets. | die Hakenzähne noch nicht gestoßen.
faites-le seller, je veux le monter. | laffen Sie ihn fatteln, ich will ihn reiten.
le voilà sellé et bridé. | hier ift er gefattelt: und gezäumt.

la gourmette n'est pas bien mise; la sangle va se défaire. | die Kinnkette ift nicht gut angemacht; der Gurt wird losgehen.
donnez-moi la bride et les branches; alongez les étriers. | geben Sie mir den Zaum und die Stange; fchnallen Sie die Steigbügel länger.
mettez-le en trot. | laffen Sie ihn traben.
il va mieux au pas qu'au trot. | er geht beffer im Schritt, als im Trab.
donnez-lui des éperons; faites-le galoper. | geben Sie ihm die Sporen; laffen Sie ihn galoppiren.
il rue, il regimbe. | er fchlägt aus, er ift unftät.
tenez-vous ferme en selle; ne retirez pas trop le bridon; lâchez-lui les rênes. | fetzen Sie Sich feft in den Sattel; ziehen Sie die Trenfe nicht zu fehr an; laffen Sie ihm die Zügel fchießen.

le voilà qui se cabre! il prend le mors aux dents. | nun bäumt er fich! er geht durch!
arrêtez-le; descendez. | halten Sie ihn an; fteigen Sie ab.

votre cheval est ombrageux, et il n'a pas de bouche. | Ihr Pferd ift fcheu und hartmäulig.
il a manqué me désarçonner et me jeter à bas. | es hätte mich beinahe aus dem Sattel gehoben und abgeworfen.

cela me surprend, car c'est un excellent cheval. | das wundert mich; es ift doch fonft ein vortreffliches Thier.

34. Zwifchen einem Mutiklehrer und feinem Schüler.

Avez-vous copié l'ariette que je vous ai remise hier? | Haben Sie die kleine Arie abgefchrieben, die ich Ihnen geftern gab?
oui, la voilà; je n'y ai pas réussi; ma patte ne marque pas bien. | ja, hier ift fie; fie ift mir aber nicht gelungen: mein Roftral zeichnet nicht gut.

vous avez oublié la clef et le mouvement.	Sie haben den Schlüssel und die Mensur vergessen.
c'est vrai, je n'y ai pas fait attention.	es ist wahr, ich habe nicht darauf Acht gegeben.
il y a là une note noire au lieu d'une blanche, et ici une croche de trop.	hier ist auch eine Viertelsnote statt einer halben, und da ist ein Achtel zu viel.
j'étais distrait, lorsque je copiais.	ich war zerstreut, als ich abschrieb.
voyons, jouons-la; prenez votre flûte; accordons-nous; donnez le ton.	nun wollen wir sie spielen; nehmen Sie Ihre Flöte; lassen Sie uns stimmen; geben Sie den Ton an.
je ne jouerai pas bien aujourd'hui: je suis enrhumé, je n'ai pas l'embouchure nette.	ich werde heute nicht gut blasen: ich habe den Schnupfen, mein Ansatz ist nicht rein.
essayez; — observez bien les semi-tons; voici un bémol, et voilà un dièse.	versuchen Sie es; — geben Sie auf die halben Töne wohl Acht; hier ist ein b moll und da ein Kreuz.
ah, j'ai manqué la mesure, je recommencerai.	ach, ich habe den Takt verfehlt, ich will wieder anfangen.
faites attention à la pause; —liez la et si et détachez les autres.	geben Sie Acht auf die Pause; — a und h werden geschleift und die anderen gestoßen.
comment fait-on cette cadence?	wie wird dieser Triller gegriffen?
bouchez les deux premiers trous, et cadencez avec le troisième doigt.	bedecken Sie die zwei ersten Löcher und mit dem dritten Finger schlagen Sie.
bien! continuez.	gut! fahren Sie fort.
cette note n'accorde pas; je crois qu'elle devrait être relevée.	diese Note stimmt nicht; ich glaube, sie sollte aufgelöst sein.
vous avez raison; il y manque un bécarre.	richtig; es fehlt hier das Auflösungszeichen.
vous ne jouez pas de mesure; vous allez trop vite.	Sie halten den Takt nicht; Sie spielen zu geschwind.
je ne suis pas disposé à jouer aujourd'hui.	ich bin heute nicht aufgelegt, zu spielen.
voilà votre cachet; revenez,	hier ist Ihr Billet: kommen

je vous prie, demain à pareille heure.	Sie gefälligst morgen um die nämliche Stunde wieder.

35. Von einer Heirath.

Je viens de recevoir une lettre qui me fait le plus sensible plaisir.	Ich habe so eben einen Brief erhalten, der mir das größte Vergnügen macht.
et de qui donc?	und von wem denn?
de notre ami, monsieur W.	von unserm Freunde, Hrn. W.
vraiment! et que vous mandé-t-il de si agréable?	wirklich! und was meldet er Ihnen so Angenehmes?
que sa fille aînée s'est ma-riée vendredi dernier.	daß seine älteste Tochter sich am vorigen Freitag verhei=rathet hat.
sans doute à ce jeune homme que j'ai vu plusieurs fois chez lui.	ohne Zweifel mit dem jungen Manne, welchen ich mehre Male bei ihm traf.
précisément; je craignais bien que cette alliance ne réussît pas.	ganz recht; ich fürchtete sehr, daß diese Verbindung nicht zu Stande kommen möchte.
c'eût été vraiment dommage; car ces jeunes gens parais-saient fort se convenir.	es wäre wirklich Schade ge=wesen; denn die jungen Leu=te schienen sich sehr zu be=hagen.
il y avait quelques difficul-tés de la part des parents du jeune homme.	man machte einige Schwierig=keiten von Seiten der Eltern des jungen Mannes.
cela m'étonne; car ce ne pouvait être qu'un parti fort avantageux pour lui.	das wundert mich; denn die Partie konnte auf jeden Fall nur sehr vortheilhaft für ihn sein.
certainement; mais ils trou-vaient qu'il était encore trop jeune.	allerdings; allein man fand, daß er noch zu jung sei.
il a l'air d'avoir au moins vingt-cinq ans.	er scheint doch wenigstens fünfundzwanzig Jahre alt zu sein.
il n'en a que vingt-deux; d'ailleurs ils avaient l'es-poir d'obtenir pour lui un emploi lucratif, et ils vou-laient qu'il l'eût aupara-vant.	er ist erst zweiundzwanzig; zu=dem hatten sie Hoffnung, ein einträgliches Amt für ihn zu erhalten, und sie wollten, daß er vorher in dessen Besitz sein sollte.

et il y a apparence qu'il a obtenu cet emploi?

und wahrscheinlich hat er diese Anstellung erhalten?

non pas le même; mais un autre plus solide, et qui lui rapportera pour le moins autant.

nein, nicht dieselbe; aber eine andere, dauerhaftere, und welche ihm wenigstens eben so viel einbringt.

lorsque vous ferez réponse, faites-moi le plaisir de témoigner toute ma satisfaction de cette heureuse alliance.

wenn Sie antworten, so haben Sie die Güte, ihnen meine Freude über diese glückliche Verbindung zu erkennen zu geben.

vous pouvez être persuadé que je n'y manquerai pas.

seien Sie überzeugt, daß ich nicht ermangeln werde.

36. Von einem Begräbniß.

Vous me voyez dans la plus profonde affliction.

Sie sehen mich in der größten Betrübniß.

quel malheur vous est-il survenu?

welches Unglück ist Ihnen denn widerfahren?

cela vous concerne autant que moi; nous avons perdu notre ami Muller.

es betrifft Sie eben so sehr, als mich; wir haben unsern Freund Müller verloren.

grand Dieu! est-il possible? nous n'avions pas entendu dire qu'il fût malade.

großer Gott! ist es möglich? wir hatten nicht gehört, daß er krank wäre.

une fièvre putride l'a enlevé en trois jours.

ein Faulfieber hat ihn in drei Tagen weggerafft.

je suis étonné qu'on ne nous l'ait pas fait savoir.

es wundert mich sehr, daß man es uns nicht hat wissen lassen.

toute la famille est dans une telle consternation, qu'il est pardonnable qu'on nous ait oubliés.

die ganze Familie ist in einer solchen Verstörung, daß es verzeihlich ist, uns vergessen zu haben.

comment avez-vous appris ce funeste accident?

wie haben Sie dieses unglückliche Ereigniß erfahren?

d'une manière qui m'a porté un coup terrible: je croyais aller lui rendre visite, et j'ai trouvé à sa porte tout l'appareil de la mort.

auf eine sehr erschütternde Weise: ich wollte ihn besuchen, und fand an seiner Thür alle Anstalten zu einem Begräbnisse.

je m'étonnais aussi de vous voir tarder si longtemps à revenir.

ich wunderte mich auch, daß Sie so lange wegblieben.

dans l'excès de mon affliction, je ne savais si je
devais retourner sur mes
pas, ou me joindre au
convoi, pour lui rendre
les derniers devoirs.

in dem Uebermaß meiner Betrübniß wußte ich nicht, ob
ich umkehren oder dem Lei-
chenzuge folgen sollte, um
ihm den letzten Dienst zu erweisen.

le cortége était sans doute
nombreux?

der Leichenzug war wahrscheinlich sehr zahlreich?

assurément; le corbillard
était suivi d'un grand
nombre de ses amis.

gewiß; dem Leichenwagen folg-
te ein großer Theil seiner
Freunde.

vous êtes sans doute resté
jusqu'à la fin de la cérémonie?

Sie sind wahrscheinlich bis zu
Ende der Handlung geblie-
ben?

je l'ai vu mettre en terre.

ich habe ihn in die Erde senken
sehen.

vous êtes-vous informé de
l'état de sa veuve?

haben Sie Sich nach dem Zu-
stande seiner Wittwe erkun-
digt?

sa douleur est si vive qu'elle
est elle-même tombée ma-
lade, et l'on craint quelle
ne suive de près son époux.

ihr Schmerz ist so heftig, daß
sie selbst krank danieder liegt,
und man fürchtet, daß sie
bald ihrem Gatten nachfol-
gen werde.

quelle perte pour leurs enfants, si une mère aussi
tendre leur était encore
enlevée!

welch ein Verlust für ihre Kinder, wenn ihnen eine so zärt-
liche Mutter auch noch ge-
raubt würde!

37. Von einer Feuersbrunst.

Vous arrivez fort à propos:
nous parlions de l'incen-
die qui a eu lieu cette
nuit dans votre voisinage:
vous nous en donnerez
les détails mieux que qui
que ce soit.

Sie kommen wie gerufen: wir
sprachen von dem Feuer,
welches diese Nacht in Ihrer
Nachbarschaft ausgebrochen
ist; Sie werden uns darüber
am besten Auskunft geben.

je vous réponds que je les
ai de la première main;
car j'ai été un des pre-
miers à porter du secours.

ich stehe Ihnen dafür, daß ich
das Nähere aus der ersten
Hand habe; denn ich war
einer der Ersten, welche zu
Hülfe eilten.

on dit qu'il y a eu plusieurs
maisons de brûlées.

man sagt, es seien mehre Häu-
ser abgebrannt.

5*

six ont été entièrement consumées, et trois fort endommagées.	sechs sind ganz niedergebrannt und drei sind sehr beschädigt.
sait-on comment le feu a pris?	weiß man, wie das Feuer entstanden ist?
par la négligence d'une servante, qui s'était endormie auprès du feu, et qui a été victime de son imprudence.	durch die Nachlässigkeit einer Magd, welche beim Feuer eingeschlafen war und das Opfer ihrer Unvorsichtigkeit wurde.
n'a-t-il point péri d'autres personnes?	sind sonst dabei keine Menschen umgekommen?
si, malheureusement : une femme et ses deux enfants ont été la proie des flammes.	leider, ja: eine Frau mit ihren beiden Kindern wurde die Beute der Flammen.
on nous a rapporté que le feu ayant pris par le bas de la maison, personne n'avait pu échapper.	man hat uns erzählt, daß, da das Feuer unten ausgebrochen sei, Niemand sich habe retten können.
un homme qui demeurait au troisième étage, s'est tué en se précipitant par la fenêtre.	ein Mann, der im dritten Stock wohnte, hat den Tod gefunden, indem er sich aus dem Fenster stürzte.
et comment ont fait les autres pour se sauver, si le bas de la maison était tout en feu?	und wie haben es die Anderen gemacht, um sich zu retten, wenn der ganze untere Theil des Hauses in Feuer stand?
à l'aide de plusieurs échelles qu'on a pu se procurer à temps.	mit Hülfe mehrer Leitern, welche man sich noch zeitig genug verschaffen konnte.
pour que le feu ait fait tant de ravage, il faut que les pompiers aient bien tardé à venir.	da das Feuer so große Verheerungen angerichtet hat, so müssen die Spritzenleute wohl sehr spät gekommen sein.
la première pompe est arrivé un demi-quart d'heure après que les gardes de nuit eurent donné l'alarme.	die erste Spritze kam eine halbe Viertelstunde später, als die Nachtwächter das Zeichen gegeben hatten.
peut-être qu'on aura été longtemps avant que de pouvoir se procurer l'eau	vielleicht hat es lange gedauert, ehe man sich das nöthige Wasser zu den

nécessaire pour faire jouer les pompes.

Spritzen verschaffen konnte.

il est vrai: la première maison était tout en flammes lorsque les pompes ont commencé à jouer.

es ist wahr: das erste Haus stand ganz in Flammen, ehe die Spritzen in Gang kamen.

il faisait beaucoup de vent la nuit dernière; c'est sans doute la raison pour laquelle les flammes étaient si violentes.

es war vergangene Nacht sehr windig, und dies war ohne Zweifel der Grund, warum die Flamme so heftig wurde.

cela n'y a pas peu contribué; mais il y avait derrière la maison plusieurs ateliers construits en bois, auxquels le feu s'est communiqué rapidement.

es hat nicht wenig dazu beigetragen; allein es waren hinter dem Hause mehre Werkstätten von Holz, welche das Feuer schnell ergriff.

pour comble de malheur, la première maison qui a brûlé n'était plus assurée depuis un mois, et deux autres ne l'avaient jamais été.

zum Unglück war das erste Haus, welches abbrannte, seit einem Monat nicht mehr versichert, und zwei andere waren es nie gewesen.

c'est une grande imprudence de négliger cette précaution.

es ist eine große Thorheit, diese Vorsichtsmaßregel zu vernachlässigen.

38. Vom Zeichnen.

Le dessin est une de mes occupations favorites: j'y emploierais des journées entières sans m'en lasser.

Das Zeichnen ist eine meiner Lieblings-Beschäftigungen; ich könnte ganze Tage damit zubringen, ohne müde zu werden.

c'est certainement un talent, très agréable, et en même temps très utile.

es ist wirklich ein sehr angenehmes und zugleich sehr nützliches Talent.

il y a plusieurs professions où le dessin est indispensablement nécessaire.

die Zeichenkunst ist zu mehren Gewerben unentbehrlich.

pour ceux même qui n'en ont pas un besoin absolu, n'est-ce pas un plaisir de pouvoir employer leurs

ist es nicht selbst für diejenigen, welche ihrer nicht durchaus bedürfen, ein Vergnügen, ihre müßigen Stun-

moments de loisir d'une manière aussi agréable ?	den auf eine so angenehme Weise verwenden zu können?
de tous les genres de dessin, le paysage est celui pour lequel j'ai le plus d'attrait.	von allen Zweigen der Zeichnenkunst hat das Landschaftszeichnen am meisten Reiz für mich.
je préfère la figure, parce que c'est le genre où je réussis le mieux.	ich zeichne lieber Figuren, weil diese mir am besten gelingen.
j'ai vu de vous des figures au pastel qui m'ont fait grand plaisir.	ich habe Figuren in Pastel von Ihnen gesehen, an denen ich großes Vergnügen fand.
j'ai quelquefois essayé les fleurs; mais je ne m'entends pas assez à les colorier.	ich habe mich bisweilen in Blumen versucht; allein ich verstehe mich nicht hinlänglich aufs Koloriren.
des fleurs, dessinées simplement au crayon, ne produisent pas un grand effet.	bloß mit der Bleifeder gezeichnete Blumen machen keine große Wirkung.
pour m'exercer à colorier, je m'amuse quelquefois à enluminer des estampes.	um mich im Koloriren zu üben, mache ich mir bisweilen den Spaß, Kupferstiche zu illuminiren.
vous ne choisissez pas, sans doute, pour cela des gravures de prix ?	Sie wählen dazu ohne Zweifel keine Kupferstiche von Werth?
ce serait dommage : une bonne gravure perd tout son prix par l'enluminure.	das wäre Schade: ein guter Kupferstich verliert durch das Illuminiren all seinen Werth.
il en est de cela comme d'une belle statue, qu'on gâte si l'on s'avise de la faire dorer.	es ist damit, wie mit einer schönen Statue, welche man verdirbt, wenn man auf den Einfall geräth, sie vergolden zu lassen.

39. Vom Tanzen.

Considérez-vous la danse comme devant faire nécessairement partie d'une éducation complète ?	Betrachten Sie das Tanzen als einen nothwendigen Theil einer vollständigen Erziehung?
si cet excercice n'est pas	wenn diese körperliche Uebung

indispensablement néces-
saire, du moins il ne doit
pas être entièrement né-
gligé.

nicht durchaus nothwendig
ist, so darf sie doch nicht
ganz vernachlässigt werden.

il y a des personnes qui
voudraient exclure abso-
lument la danse le l'édu-
cation, comme étant dan-
gereuse pour les moeurs.

es gibt Personen, welche das
Tanzen gänzlich von der Er-
ziehung ausschließen möch-
ten, indem es den Sitten
gefährlich sei.

sous ce rapport, ils pour-
raient avoir raison; mais
en faisant apprendre à
danser aux enfants on de-
vrait les prémunir contre
une passion immodérée
pour cet exercice.

sie mögen in dieser Hinsicht
wohl Recht haben; allein
indem man die Kinder tan-
zen lernen läßt, sollte man
sie vor einer unmäßigen
Leidenschaft für diese körperliche Uebung bewahren.

quant à moi, je crois cet
art nécessaire pour ap-
prendre aux jeunes gens
à se présenter avec grâce
et avec aisance.

was mich betrifft, ich betrachte
diese Kunst als nothwendig,
um den jungen Leuten eine
anständige, ungezwungene
Haltung zu geben.

c'est sous ce rapport seulement que la danse doit
être considérée comme
une partie de l'éducation,
si non absolument néces-
saire, au moins très utile.

nur in dieser Hinsicht muß der
Tanz als ein, wenn nicht
durchaus nothwendiger, doch
sehr nützlicher Theil der Er-
ziehung angesehen werden.

il est bien rare qu'une personne qui n'a pas au moins
une légère connaissance
de la danse ne conserve
toujours une certaine gau-
cherie qui la rend ridi-
cule.

es ist sehr selten, daß jemand,
der nicht wenigstens einige
Kenntniß vom Tanzen hat,
nicht immer etwas Linkisches
behält, das ihn lächerlich
macht.

comme tous les autres ex-
ercices du corps, la danse
donne aux membres beau-
coup de souplesse et d'a-
gilité.

der Tanz gibt, wie alle anderen körperlichen Uebungen,
den Gliedern eine große
Biegsamkeit und Schnellig-
keit.

elle offre aussi un amusement tout à fait innocent,
quand on s'y livre avec
modération.

er bietet zugleich eine ganz un-
schuldige Unterhaltung dar,
wenn man sich ihm mit
Mäßigkeit überläßt.

si l'on excluait entièrement
la danse parce qu'on peut

wenn man den Tanz gänzlich
verbannen wollte, weil man

en abuser, il faudrait aussi rejeter tous les amusements innocents, parce qu'on peut s'y livrer avec passion.

einen Mißbrauch daraus machen kann, so müßte man auch alle anderen unschuldigen Vergnügen verbannen, weil man sich ihnen mit Leidenschaft hingeben kann.

on pourrait dire qu'on ne doit jamais jouer à aucun jeu, parce qu'on s'expose à devenir joueur de profession.

man könnte sagen, man dürfe nie spielen, weil man sich der Gefahr aussetze, ein Spieler von Profession zu werden.

l'homme peut abuser de tout; et les vertus mêmes, portées à l'excès, peuvent se changer en vices.

der Mensch kann Alles mißbrauchen; die Tugenden selbst können, wenn man sie übertreibt, sich in Laster verwandeln.

la générosité peut devenir prodigalité, l'économie avarice.

die Freigebigkeit kann Verschwendung, die Sparsamkeit Geiz werden.

la modération en tout est la règle du sage.

Mäßigkeit in Allem ist die Regel des Weisen.

40. Vom Reisen.

Les voyages ont été toujours considérés comme un grand moyen d'instruction.

Man hat immer das Reisen als eines der Hauptmittel, sich zu unterrichten, betrachtet.

pour cela il faut y porter un esprit dégagé de tout préjugé national.

zu diesem Ende muß man es mit einem ganz von National-Vorurtheilen freien Geist unternehmen.

une personne déterminée à n'estimer que ce qu'elle a vu dans son propre pays, n'est pas propre à retirer du fruit de ses voyages.

jemand, der entschlossen ist, nur dasjenige zu schätzen, was er in seinem eigenen Lande gesehen hat, ist nicht geeignet, Nutzen aus seinen Reisen zu ziehen.

avant de parcourir les autres pays, nous devons être bien convaincus que chaque peuple a des qualités particulières, par lesquelles il peut mériter notre estime.

ehe wir fremde Länder durchreisen, müssen wir vollkommen überzeugt sein, daß jedes Volk besondere Eigenschaften besitzt, durch die es unsere Achtung verdienen kann.

un autre défaut qui nuit au fruit qu'on devrait retirer de ses voyages, c'est de n'avoir d'autre motif que de satisfaire sa curiosité.	ein anderer Fehler, welcher uns hindert, den gehörigen Nutzen aus unseren Reisen zu ziehen, ist der, keinen andern Zweck zu haben, als unsere Neugierde zu befriedigen.
le principal but devrait être d'étudier le caractère, les moeurs et les usages des pays qu'on parcourt.	der Hauptzweck sollte der sein, den Charakter, die Sitten und Gebräuche der Länder zu studiren, die man durchreist.
on doit encore se proposer d'examiner les monuments des arts, les manufactures, et tout ce qui est le produit de l'industrie humaine.	ferner muß man sich vornehmen, die Denkmäler der Kunst, die Manufakturen und alles dasjenige zu besuchen, was Frucht der menschlichen Betriebsamkeit ist.
un voyageur peut être comparé à une abeille qui voltige de fleur en fleur pour en extraire le suc le plus précieux.	ein Reisender ist mit einer Biene zu vergleichen, die von Blume zu Blume fliegt, um den köstlichen Saft herauszusaugen.
en fréquentant dans chaque pays les sociétés les mieux choisies, on acquiert insensiblement une connaissance parfaite des hommes.	indem man in jedem Lande die besten Gesellschaften besucht, erlangt man nach und nach eine vollkommne Menschenkenntniß.
on a souvent vu des gens ne rapporter d'autre fruit de leurs voyages que de revenir dans leur pays plus vicieux, qu'ils n'en étaient partis.	man hat oft Leute gesehen, die von ihren Reisen keine andere Früchte mitbrachten, als daß sie lasterhafter zurückkehrten, als sie weggereist waren.
c'est ordinairement ce qui arrive à ceux qui ne considèrent les voyages que comme un moyen de se procurer de nouveaux plaisirs.	dies ist gewöhnlich bei denjenigen der Fall, welche das Reisen nur als ein Mittel betrachten, sich neue Vergnügen zu verschaffen.
ceux qui n'ont point de solidité dans le caractère, ou les jeunes gens qui ne	diejenigen, welche keinen festen Charakter besitzen, oder junge Leute, denen es an

sont pas guidés par un sage mentor, tombent ordinairement dans ce défaut.

einem weisen Führer fehlt, verfallen gewöhnlich in diesen Fehler.

il faut donc bien se convaincre qu'en voyageant on ne doit pas chercher un sujet de dissipation, mais un moyen de s'instruire.

man muß sich also wohl überzeugen, daß man im Reisen keinen Stoff zur Zerstreuung, sondern ein Mittel suchen soll, sich zu unterrichten.

Vierte Abtheilung.

Eigenthümliche Redensarten.

1. Gallicismen.

Il est de mes amis.	Er ist mein Freund.
serez-vous de la partie?	werden Sie dabei sein?
deux et deux font quatre.	Zwei und Zwei macht Vier.
il a été condamné à mort.	er ist zum Tode verurtheilt worden.
il s'est fait catholique.	er ist katholisch geworden.
il a été fait capitaine.	er ist Hauptmann geworden.
il est encore garçon.	er ist noch unverheirathet.
sans cela.	wenn das nicht wäre.
c'est selon.	das kommt noch darauf an.
cela revient au même.	das kommt auf Eins heraus.
à plus forte raison.	um desto mehr, oder: mit desto mehr Grund.
buvez un coup.	trinken Sie einmal.
il n'a pas la conscience nette.	er hat kein gutes Gewissen.
il est encore à revenir.	er soll noch wiederkommen.
j'ai manqué de tomber.	ich wäre beinahe gefallen.
vous avez beau dire.	Ihr habt gut reden.
il s'est cassé le cou.	er hat den Hals gebrochen.
cela n'est rien; il n'y a pas de mal.	das hat nichts zu sagen.
si ce n'est que cela.	wenn es weiter nichts ist.

vous trouverez le temps long.	die Zeit wird Ihnen lang werden.
je me plais ici.	es gefällt mir hier.
il n'a pas de quoi vivre.	er hat nichts zu leben.
mettez le couvert.	deckt den Tisch.
donnez-moi une assiette blanche.	gebt mir einen reinen Teller.
l'appétit lui revient.	er bekommt wieder Appetit.
gagner sa vie.	sein Brod verdienen.
venez-vous avec nous?	gehen Sie mit?
à dire vrai, je vous avouerai....	die Wahrheit zu sagen, muß ich Ihnen gestehen....
j'ai appris cette nouvelle.	ich habe diese Nachricht gehört.
qu'il dise ce qu'il voudra.	er sage, was er wolle.
il aime à jouer.	er spielt gern.
lui avez-vous donné pour boire?	haben Sie ihm ein Trinkgeld gegeben?
on vous attendait.	man wartete auf Sie.
j'attends après.	ich warte darauf.
le soleil donne dans ma chambre.	die Sonne scheint mir in die Stube.
les croisées de ma chambre donnent sur le jardin.	die Fenster meines Zimmers gehen in den Garten.
mettre quelqu'un à la porte.	Einen zur Thür hinaus werfen.
laissez-là une ligne en blanc.	lassen Sie hier eine Zeile leer.
vous vous y prenez mal.	Sie fangen das unrecht an.
il y est pour un quart.	er hat den vierten Theil daran.
apportez de la lumière, je n'y vois plus.	bringt Licht, ich sehe nicht mehr.
je m'y perds.	ich kann nicht klug daraus werden.
on ne peut y tenir avec lui.	man kann es bei ihm nicht aushalten.
mettons-nous à l'ombre.	gehen wir in den Schatten.
il courut à toutes jambes.	er lief, was das Zeug halten wollte.
il tomba à la renverse.	er fiel rücklings.
je l'ai fait à la hâte.	ich habe es in Eile gemacht.
a-t-il répondu à cette lettre?	hat er diesen Brief beantwortet?
non pas, que je sache.	so viel ich weiß, nicht.

je vaux autant que lui.	ich bin so gut als er.
c'est à vous à faire.	Sie haben die Karte.
je n'ai point de jeu.	ich habe schlechte Karten.
il m'est venu beau jeu.	ich habe gute Karten gekauft.
vous n'êtes pas à votre jeu.	geben Sie besser auf Ihr Spiel Acht.
cette couleur tire sur le vert.	diese Farbe fällt ins Grüne.
épargner sur la bouche.	an seinem Munde ersparen.
je n'ai pas de monnaie sur moi.	ich habe kein kleines Geld bei mir.
savez-vous une chose?	wissen Sie was?
cela va sans dire.	das versteht sich von selbst.
autant qu'il est en moi.	so viel an mir ist.
j'ai bu dans ce verre.	ich habe aus diesem Glase getrunken.
je vais fumer dans cette pipe.	ich will aus dieser Pfeife rauchen.
je l'ai rencontré dans la rue.	er ist mir auf der Straße begegnet.
je ne saurais lire avec ces lunettes.	ich kann durch diese Brille nicht lesen.
il ne faut pas y regarder de si près.	man muß es nicht so genau nehmen.
il a payé ses dettes, à cinquante écus près.	er hat seine Schulden bis auf fünfzig Thaler bezahlt.
éclairez à monsieur.	leuchten Sie dem Herrn.
reconduisez-le jusqu'à la porte.	begleiten Sie ihn bis an die Thür.
il se fait plus riche qu'il n'est.	er gibt sich für reicher aus, als er ist.
il nous fait signe d'entrer.	er winkt uns, herein zu kommen.
ne faites semblant de rien.	lassen Sie Sich nichts merken.
cet enfant fait des dents.	das Kind bekommt Zähne.
qu'est-ce que cela me fait à moi?	was liegt mir daran?
c'est un homme vrai; véridique.	es ist ein glaubwürdiger Mann.
nous venons d'arriver.	wir sind so eben angekommen.
vous avez bien tardé à venir.	Sie sind lange ausgeblieben.
le malade va un peu mieux aujourd'hui.	der Kranke ist heute etwas besser.
quelqu'un vous demande.	es fragt Jemand nach Ihnen.
j'irai vous voir sous peu.	ich werde Sie nächstens besuchen.

je voyage en poste.	ich reise mit der Post.
j'ai fait sa connaissance à Vienne.	ich habe ihn in Wien kennen gelernt.
il a plus qu'il ne lui faut.	er hat mehr, als er braucht.
j'en ai assez de trois.	ich habe mit dreien genug.
ce n'est pas ma faute.	ich kann nichts dafür.
que viens-tu faire ici?	was hast du hier zu thun?
voilà qui est bien!	das ist gut (schön)!
cela est dans l'ordre.	das hat seine Richtigkeit.
je lui donne la table et le logement.	ich gebe ihm freien Tisch und Wohnung.
il s'en est plaint à moi.	er hat sich darüber bei mir beklagt.
il se mit à rire.	er fing an zu lachen.
il fait cher vivre ici.	es ist hier theuer leben.
nous avons du monde.	wir haben Fremde.
il est dans le même régiment.	er steht bei dem nämlichen Regimente.
il a fait fortune.	er hat sein Glück gemacht.
je l'ai reconnu à son langage.	ich habe ihn an seiner Sprache erkannt.
a-t-il une maison à lui?	hat er ein eigenes Haus?
c'est un fait à part.	dies gehört nicht hieher.
où peut être Henri?	wo mag Heinrich sein?
que lui voulez-vous?	was soll er?
avec qui était-il?	wer war bei ihm?
je vous prends au mot.	ich halte Sie beim Wort.
je m'en prendrai à vous.	ich werde mich an Sie halten.
on ne sait à quoi s'en tenir.	man weiß nicht, woran man ist.
où en étais-je?	wo bin ich stehen geblieben?
il s'en est allé sans dire mot.	er ist weggegangen, ohne ein Wort zu sagen.
il en est du fils comme du père.	der Sohn ist wie der Vater.
faites-moi la charité.	geben Sie mir ein Almosen.
son cheval s'est abattu sous lui.	er ist mit dem Pferde gestürzt.
si j'étais que de vous (à votre place).	wenn ich an Ihrer Stelle wäre.
c'est un homme intraitable.	er ist ein Mann, der gar nicht mit sich reden läßt.
tenez-vous cela pour dit.	laßt Euch das gesagt sein.
prenez-en exemple.	nehmt ein Beispiel daran.

2. Sprüchwörtliche Redensarten.

Elle est sur le bord de sa fosse.	Sie steht schon mit einem Fuß im Grabe.
il n'a ni feu ni lieu.	er hat weder Dach noch Fach.
vous allez du blanc au noir.	ihr kommt aus dem Hundertsten ins Tausendste.
vous parlez à tort et à travers.	ihr redet in den Tag hinein.
elle fait bonne mine à mauvais jeu.	sie läßt sich das Unangenehme nicht merken.
il vit au jour la journée.	er lebt aus der Hand in den Mund.
le voilà au bout de son latin.	da steht bei ihm der Karren am Berge.
il est souple comme un gant.	er läßt sich um einen Finger winden.
il n'y entend pas finesse.	er führt nichts Arges im Schilde.
elle fait la petite bouche.	sie will nicht mit der Sprache heraus.
il vend bien sa marchandise.	er weiß seine Sache an Mann zu bringen.
il est comme le poisson dans l'eau.	er ist recht in seinem Elemente.
elle donne les soldats à tous les diables.	sie verwünscht die Soldaten.
il regarde à l'eau qu'elle boit.	er gönnt ihr nicht einmal einen Trunk Wasser.
on me promet monts et merveilles.	man verspricht mir goldene Berge.
mon voisin est sur le pavé.	mein Nachbar ist außer Brod.
celui-là prend à droit et à gauche.	der nimmt, wo er es kriegen kann.
c'est la chanson du ricochet.	es ist immer die alte Leier.
il se fait tirer l'oreille.	man muß ihn darauf hinstoßen.
c'est une bonne pâte d'homme.	er ist eine ehrliche Haut.
il rentre dans sa coquille.	er streicht die Segel.
elle a la langue bien pendue.	sie hat ein geläufiges Mundstück.
on n'y voit ni fond ni rive.	man sieht nicht, wo es hinaus will.
c'est une mer à boire.	man kommt damit an kein Ende

il a la tète près du bonnet.   das Feuer ist bei ihm bald im Dache.

il rit du' bout des dents.   er lacht nur gezwungen.

elle se chatouille pour se faire rire.   sie zwingt sich zum Lachen.

il a le coeur au métier.   er arbeitet mit Lust und Liebe.

il y fait la pluie et le beau temps.   er ist dort allvermögend.

il ne sait où donner de la tête.   er weiß nicht, wo ihm der Kopf steht.

il est du bois dont on fait les flûtes.   er tanzt nach Jedermanns Pfeife.

il n'a ni bouche ni éperon.   er hat weder Geschick noch Gelenk.

c'est le fils de la poule blanche.   er sitzt dem Glücke im Schooß.

j'y mettrai ma chemise.   ich will Alles daran setzen.

il n'y a pas de l'eau à boire.   man verdient nicht das Salz dabei.

il tire sa poudre aux moineaux.   er gibt sich mit unnützem Tande ab.

il fait comme le renard des mûres.   er macht es, wie der Fuchs mit den Trauben.

il vient comme tambourin à noces.   er kommt wie gerufen.

c'est de la moutarde après dîner.   das kommt wie Senf zum Nachtisch.

il a fait le diable à quatre.   er hat einen Teufelslärm angefangen.

il mesure le blé d'autrui avec son boisseau.   er mißt Andere nach seiner Elle.

il cherche son âne et il est dessus.   er sucht, was ihm vor der Nase liegt.

il est connu comme le loup gris.   er ist bekannt wie der bunte Hund.

il a employé le sec et le vert.   er hat Himmel und Hölle in Bewegung gesetzt.

il ne se paie pas de chansons.   er läßt sich nicht mit leeren Worten abspeisen.

c'est du beurre dans ses épinards.   es ist Wasser auf seine Mühle.

il n'y a ni sel ni sauce.   es hat weder Hand noch Fuß.

il a plu dans son écuelle.   er ist im Schlafe reich geworden.

il n'a vu que les gros loups.	er macht aus jeder Mücke einen Elephanten.
on lui a fait voir du pays.	man hat ihm viel zu schaffen gemacht.
je n'y prends, ni je n'y mets.	ich lasse es, wie es ist.
il mange ses mots.	er spricht die Worte nicht rein aus.
vous lui avez bien coupé le sifflet.	Sie haben ihm schön das Maul gestopft.
on lui a tiré les vers du nez.	man hat ihm sein Geheimniß entlockt.
il se laisse manger la laine sur le dos.	er läßt Alles mit sich machen.
il crie famine sur un tas de blé.	er klagt bei all seinem Ueberfluß.
il ne fait rien pour rien.	er thut nichts umsonst.
on lui a donné choux pour choux.	man hat ihm Wurst wider Wurst gemacht.
il n'y a ni bêtes ni gens.	da ist kein lebendiges Wesen zu sehen.
il est sorcier comme une vache espagnole.	er hat das Pulver nicht erfunden.
il sera bien chapitré.	man wird ihm den Text lesen.
il trouverait des taches dans le soleil.	er hat an Allem etwas auszusetzen.
il a eu l'aller pour le venir.	er hat einen vergeblichen Gang gethan.
il l'a fait moitié figue, moitié raisin.	er hat es halb gern, halb gezwungen gethan.
on lui a fait garder le mulet.	man hat ihn lange vergebens warten lassen.
disputer sur la pointe d'une aiguille.	um einen Strohhalm zanken.
observer les points et les virgules.	ein Wortklauber sein.
faire un trou à la lune.	sich heimlich davon stehlen.
parler des grosses dents.	aus einem hohen Tone sprechen.
tuer la poule pour avoir l'oeuf.	den Arm für den Finger hingeben.
tirer le diable par la queue.	ein armseliges Leben führen.
nager en grande eau.	flott leben.
nager entre deux eaux.	auf beiden Schultern tragen.
couper l'herbe sous le pied de quelqu'un.	Einem etwas vor der Nase wegnehmen.
sortir entre chien et loup.	in der Dämmerung ausgehen.

tomber de fièvre en chaud mal.	aus dem Regen in die Traufe kommen.
faire d'une pierre deux coups.	mit Einer Klappe zwei Fliegen schlagen.
prendre le lièvre au collet.	den Nagel auf den Kopf treffen.
prendre la lune avec les dents.	sich an das Unmögliche wagen.
être servi au doigt et à l'oeil.	auf den ersten Wink bedient sein.
revenir avec sa courte honte.	mit einer langen Nase abziehen.
chercher midi à quatorze heures.	Schwierigkeiten suchen, wo keine sind.
garder une poire pour la soif.	etwas auf den Nothfall aufheben.

3. Sprüchwörter.

L'occasion fait le larron.	Gelegenheit macht Diebe.
chat échaudé craint l'eau froide.	gebrannte Kinder fürchten das Feuer.
à bon chat, bon rat.	gut angegriffen, gut vertheidigt.
goutte à goutte, l'eau cave la pierre.	ein Tropfen, der immer fällt, höhlt den Stein aus.
la mauvaise herbe croît toujours.	Unkraut vergeht nicht.
il ne faut pas réveiller le chat qui dort.	man muß vergessene Dinge nicht aufwärmen.
à bon vin il ne faut point de bouchon.	gute Waare lobt sich selbst.
à chacun le sien n'est pas trop.	Jedem das Seine.
bon chien chasse de race.	der Apfel fällt nicht weit vom Stamm.
la belle cage ne nourrit pas l'oiseau.	was hilft ein schönes Haus, wenn man schlecht darin ist?
il n'est sauce que d'appétit.	Hunger ist der beste Koch.
le charbonnier est maître dans sa maison.	Jeder ist Herr in seinem Hause.
le bien mal acquis ne profite pas.	unrecht Gut gedeiht nicht.
le repos est agréable après le travail.	nach gethaner Arbeit ist gut ruhen.

à chaque fou plaît sa ma-
rotte.

jedem Narren gefällt seine
Kappe.

ma peau m'est plus proche
que ma chemise.

das Hemd ist mir näher, als
der Rock.

de l'abondance du coeur la
bouche parle.

weſſen das Herz voll iſt, da=
von geht der Mund über.

il n'y a de pire eau que
celle qui dort.

ſtille Waſſer gründen tief.

à petit mercier petit panier.

man muß ſich nach ſeiner
Decke ſtrecken.

la caque sent toujours le
hareng.

Art läſſt nicht von Art.

à grands seigneurs peu de
paroles.

bei großen Herren muß man
ſich kurz faſſen.

à brebis tondue Dieu mesure
le vent.

Gott legt uns nicht mehr
Leiden auf, als wir tragen
können.

une brebis galeuse gâte tout
le troupeau.

Ein räudiges Schaf ſteckt die
ganze Heerde an.

qui se fait brebis, le loup
le mange.

wer ſich unter die Kleien
mengt, den freſſen die Säue.

la belle plume fait le bel
oiseau.

Kleider machen Leute.

l'habit ne fait pas le moine.

das Kleid macht nicht den
Mann.

dommage rend sage.

durch Schaden wird man klug.

avec l'âge on devient sage.

Verſtand kommt nicht vor den
Jahren.

les bons comptes font les
bons amis.

richtige Rechnung erhält gute
Freunde.

il n'y a si bon cheval qui
ne bronche.

auch der Klügſte kann fehlen.

chien qui aboie ne mord
pas.

Hunde, welche bellen, beißen
nicht.

ce qui vient par la flûte
s'en va par le tambour.

wie gewonnen, ſo zerronnen.

à beau jeu beau retour.

Wurſt wider Wurſt.

le bien cherche le bien.

wo Tauben ſind, fliegen Tau=
ben zu.

quand on parle du loup, on
en voit la queue.

wenn man vom Wolfe ſpricht,
ſo iſt er nicht weit.

quand on veut noyer son
chien, on dit qu'il a la
rage.

wer einen Hund ſchlagen will,
hat bald einen Stock ge=
funden.

du cuir d'autrui on fait large courroie. — aus fremdem Leder ist gut Riemen schneiden.

à force de forger on devient forgeron. — Uebung macht den Meister.

bonne renommée vaut mieux que ceinture dorée. — ein ehrlicher Name ist besser, als Gold.

avec le temps et la paille les nèfles mûrissent. — Zeit bringt Rosen.

un tiens vaut mieux que deux tu l'auras. — ein Sperling in der Hand ist besser als zehn auf dem Dache.

quand le vin est tiré, il faut le boire. — wer A sagt, muß auch B sagen.

qui court deux lièvres, n'en prend point. — wer zwei Hasen auf einmal jagt, bekommt keinen.

robe de velours, ventre de son. — Sammt am Kragen, Kleie im Magen.

toujours pêche qui en prend un. — man muß auch mit einem kleinen Vortheil zufrieden sein.

pierre qui roule n'amasse point de mousse. — wer alle Augenblicke etwas Anderes anfängt, wird nicht reich.

petite pluie abat grand vent. — mit Gelindigkeit kann man viel ausrichten.

qui se loue, s'emboue. — Eigenlob stinkt.

il faut casser la noix pour avoir le noyau. — nichts ohne Mühe.

il n'y a si petit buisson qui ne porte ombre. — auch der Geringste kann uns nutzen oder schaden.

n'est pas marchand qui toujours gagne. — man kann nicht allzeit gewinnen.

contre mauvaise fortune bon coeur. — man muß im Unglück nicht verzagen.

chose promise, chose due. — versprechen macht Schuld.

à nouvelles affaires nouveaux conseils. — kommt Zeit, kommt Rath.

à l'oeuvre on connaît l'ouvrier. — das Werk lobt den Meister.

Fünfte Abtheilung.

Lehrreiche Unterhaltungen.

(Die Wörter zum Uebersetzen stehen am Ende.)

1. Die Arbeit.

M. de Verteuil. Adrien, son fils.

Adrien. Regardez, papa, je vous prie: voilà un bien joli petit enfant que cette femme a dans ses bras. Il ressemble à mon petit frère Alexandre.

M. de Verteuil. Il est fort joli, vraiment. Vois aussi cette petite fille qui est assise auprès de sa mère. Elle a les plus jolies couleurs du monde.

Adrien. Oui, papa, comme Pauline.

M. de Verteuil. En voilà un autre dans un coin. C'est l'aîné sans doute. Il travaille avec tant d'ardeur, qu'il ne se détourne pas seulement pour nous regarder.

Adrien. C'est une bonne leçon qu'il me donne.

M. de Verteuil. Cette femme devrait être bien contente d'avoir de si beaux enfants, et cependant elle a l'air triste.

Adrien. Mon papa, je crois qu'elle pleure.

M. de Verteuil. Elle pleure, en effet. Il faut lui demander ce qu'elle a.

Adrien. Oui, oui, nous saurons peut-être la tirer de peine.

M. de Verteuil (*en s'avançant vers la pauvre femme*). Bon jour, ma bonne femme. Vous avez là de bien jolis enfants.

La pauvre femme (*en poussant un soupir et en pressant son fils contre son sein*). Oh! monsieur, je les aime bien aussi. (*Elle essuie ses larmes qui recommencent à couler.*)

M. de Verteuil. D'où vient donc que vous êtes si triste?

La pauvre femme. Hélas! monsieur, ces pauvres enfants ont crié tout aujourd'hui pour avoir du pain; et je n'en ai pas un morceau à leur donner. Mon mari

st malade depuis trois mois. J'ai dépensé pour lui tout
e que j'avais. Il m'a fallu vendre tous mes meubles l'un
près l'autre. Mon mari ne peut pas bouger de son lit,
t je suis avec ces deux enfants sur les bras. Celui-ci,
[ui travaille à filer au rouet, est un brave garçon. Il
ait de son mieux pour nous gagner quelque chose. Mais
que peut-on faire à son âge? Il est trop petit; il n'a
encore que six ans. (*Le petit garçon essuie ses yeux
du revers de sa main, et se remet au travail avec une
nouvelle ardeur.*) La saison rigoureuse est prête à ve-
iir au milieu de ces embarras. Oh! combien j'aurai à
souffrir tout le long de l'hiver avec mon mari et mes
enfants! (*Elle laisse tomber sa tête sur son fils qu'elle
presse contre son sein et commence à sangloter.*)

A d r i e n. Oh, papa! la pauvre femme, que je la plains!
Maman m'a donné vingt-quatre sous pour les employer
comme je voudrais. Me permettez-vous de les donner à
cette malheureuse famille?

M. d e V e r t e u i l. Très volontiers, mon ami.

A d r i e n (*sautant de joie*). Oh, papa, que je vous
remercie! (*Il fouille précipitamment dans sa poche.*)
Tenez, ma bonne amie, prenez ces vingt-quatre sous.
Achetez-en du pain, et donnez à vos enfants de quoi
manger.

L e p e t i t g a r ç o n (*quittant son rouet, et courant
baiser la main d'Adrien*). Oh! grand merci, mon cher
petit monsieur, nous avions tant de faim! Mon père et
ma mère sont si à plaindre! (*Il retourne aussitôt à son
ouvrage.*)

A d r i e n (*les larmes aux yeux*). Ah, papa! je n'ai
rien de plus. Mais vous, n'auriez-vous pas quelque chose
pour ce pauvre enfant?

M. d e V e r t e u i l. Tu m'as donné un trop bon exemple, mon fils, pour que je ne m'empresse pas de le
suivre. (*Au petit garçon.*) Viens, mon cher ami; tu es
un brave enfant, de travailler avec tant d'ardeur pour
soulager ton père et ta mère. Sois toujours aussi laborieux, et tu ne manqueras pas de trouver d'honnêtes gens
qui te donneront des secours. On aime les enfants diligents; mais pour les enfants paresseux on n'en prend
aucune pitié. Tiens, voilà un écu. Donne-le à ta mère,
qui vous en achetera du pain. Toutes les semaines nous
viendrons vous voir.

L a p a u v r e f e m m e. Je vous remercie mille et mille fois, mon digne monsieur. Je suis maintenant en état de donner à mon mari quelque chose qui le fortifie.

M. de Verteuil. Mais dites-moi, ma bonne amie, avez-vous un bon médecin pour le malade?

La pauvre femme. Oui, monsieur, grâces au ciel, j'ai à présent un très bon médecin. Il demeure là vis-à-vis. C'est un bien digne homme. Depuis trois semaines, il vient tous les jours voir mon mari. Je peux dire qu'il en prend soin comme si c'était un grand seigneur. Il ne peut rien faire de plus.

M. de Verteuil. Je suis charmé de ce que vous me dites. Un médecin charitable est l'homme le plus utile pour les pauvres. Il peut faire beaucoup de bien autour de lui, sans qu'il lui en coûte. Mais les remèdes, comment les avez-vous?

La pauvre femme. Ce brave homme nous les donne aussi pour rien.

M. de Verteuil. Vous m'inspirez une grande estime pour ses vertus.

La pauvre femme. C'est bien dommage qu'il n'ait pas vu mon mari dans le commencement de sa maladie: il l'aurait déjà guéri. Mais il n'y a qu'un mois qu'il est venu loger dans notre voisinage, et ce n'est que par hasard que je l'ai connu.

M. de Verteuil. Vous n'avez qu'à bien exécuter ce qu'il vous ordonnera. Dans la saison où nous sommes, la santé est quelquefois longtemps à revenir. Il faut avoir du courage et de la patience.

La pauvre femme. Ah! monsieur, j'espère que je n'en manquerai pas. Depuis que je me connais, je suis accoutumée à attendre et à souffrir.

M. de Verteuil. Je suis enchanté de vous voir si bien résignée. Je vous souhaite de tout mon coeur un état plus heureux. Nous reviendrons bientôt vous faire notre visite.

La pauvre femme. Vous me trouverez toujours bien reconnaissante de votre bonté. (*A la petite fille qui est assise auprès d'elle:*) Lève-toi, Jeannette; va baiser la main à ces bons messieurs.

Adrien (*embrassent Jeannette*). Adieu, ma petite amie; adieu, mes enfants; adieu, ma bonne femme. (*Il sort avec son père.*)

M. de Verteuil. Adrien, que dis-tu de ces pauvres malheureux?

Adrien. Je suis bien aise que vous leur ayez aussi donné quelque chose pour les consoler.

M. de Verteuil. Quand les pauvres veulent travailler, et qu'ils ne le peuvent pas, soit par maladie, soit faute d'ouvrage, il est de notre devoir de les secourir autant que nous le pouvons. Mais lorsqu'ils sont paresseux, c'est leur faute s'ils souffrent. Ils ne méritent aucune pitié; il faut les laisser pâtir, jusqu'à ce que la misère leur ait donné une bonne leçon. Autrement ils n'en deviennent que plus fainéants, et ils finissent par devenir des scélérats. Mais ce petit garçon qui travaillait au rouet, c'est un brave enfant. As-tu remarqué comme il paraissait propre sur ses habits?

Adrien. Oui, papa.

M. de Verteuil. Les enfants doux et diligents ont ordinairement de la propreté. Mais les enfants opiniâtres et paresseux sont toujours en désordre. Tu vois combien celui-ci m'a intéressé. Sois donc, à son exemple, patient, laborieux et appliqué, tu verras tout le monde s'intéresser en ta faveur.

2. Das Grasmücken-Neſt.

Maman! maman! s'écriait un soir Symphorien, en se précipitant tout essoufflé sur les genoux de sa mère: voyez, voyez ce que je tiens dans mon chapeau.

Mad. Bleville. Ha, ha! c'est une fauvette. Où l'as-tu donc trouvée?

Symphorien. J'ai découvert ce matin un nid dans la haie du jardin. J'ai attendu la nuit. Je me suis glissé tout doucement près du buisson, et avant que l'oiseau s'en doutât, paff! je l'ai saisi par les ailes.

Mad. Bleville. Est-ce qu'il était seul dans son nid?

Symphorien. Ses enfants y étaient aussi, maman. Ah! ils sont si petits, qu'ils n'ont pas encore de plumes. Je ne crains pas qu'ils m'échappent.

Mad. Bleville. Et que veux-tu faire de cet oiseau?

Symphorien. Je veux le mettre dans une cage que j'accrocherai dans notre chambre.

Mad. Bleville. Et les pauvres petits?

Symphorien. Oh! je veux aussi les prendre, et je les nourrirai. Je cours de ce pas les chercher.

Mad. Bleville. Je suis fâchée que tu n'en aies pas le temps.

Symphorien. Oh, ce n'est pas loin. Tenez, vous savez bien le grand cerisier? C'est tout vis-à-vis. J'ai bien remarqué la place.

Mad. Bleville. Ce n'est pas cela: c'est que l'on va venir te prendre. Les soldats sont peut-être à la porte.

Symphorien. Des soldats pour me prendre?

Mad. Bleville. Oui, toi-même. Le roi vient de faire arrêter ton père; et la garde, qui l'a emmené, a dit, qu'elle allait revenir pour se saisir de toi et de ta sœur, et vous conduire en prison.

Symphorien. Hélas, mon Dieu! que veut-on faire de nous?

Mad. Bleville. Vous serez renfermés dans une petite loge, et vous n'aurez plus la liberté d'en sortir.

Symphorien. Oh, le méchant roi!

Mad. Bleville. Il ne vous fera pas de mal. On vous servira tous les jours à manger et à boire. Vous serez seulement privés de votre liberté et du plaisir de me voir.

(**Symphorien** *se met à pleurer.*)

Mad. Bleville. Eh bien, mon fils, qu'as-tu donc? Est-ce un malheur si terrible d'être renfermé, quand on a toutes les nécessités de la vie?

(*Les sanglots empêchent Symphorien de répondre.*)

Mad. Bleville. Le roi en agit envers ton père, ta sœur et toi, comme tu en agis envers l'oiseau et ses petits. Ainsi tu ne peux l'appeler méchant sans prononcer la même chose de toi-même.

Symphorien (*en pleurant*). Oh! je vais lâcher la fauvette. (*Il ouvre son chapeau, et l'oiseau joyeux se sauve par la fenêtre.*)

Mad. Bleville (*prenant Symphorien dans ses bras*). Rassure-toi, mon fils, je viens de te faire là un petit conte pour t'éprouver. Ton père n'est pas en prison; et ni toi, ni ta sœur, vous ne serez renfermés. Je n'ai voulu que te faire sentir combien tu agissais méchamment, en voulant emprisonner cette pauvre petite bête. Autant que tu as été affligé lorsque je t'ai dit qu'on allait te prendre, autant l'a été cet oiseau, lorsque tu lui as ravi sa liberté. Penses-tu comme le mari aura soupiré après sa femme et les enfants après leur mère, combien celle-ci doit gémir d'en être séparée? Cela ne t'est surement pas venu dans l'esprit? Autrement tu n'aurais pas pris l'oiseau; n'est-il pas vrai, mon cher Symphorien?

Symphorien. Oui, maman, je n'ai pensé à rien de tout cela.

Mad. Bleville. Eh bien, penses-y dorénavant et n'oublie pas que les bêtes innocentes ont été créés pour jouir de la liberté, et qu'il serait cruel de remplir d'amertumes une vie qui leur a été donnée si courte.

3. Der Blinde und der Hinkende.

Un pauvre homme qui avait perdu la vue depuis plusieurs années, allait un soir sur le grand chemin en tâtonnant avec son bâton. Que je suis malheureux, s'écriait-il, d'avoir été obligé de laisser mon pauvre petit chien malade au logis! J'ai cru pouvoir me passer aujourd'hui de ce guide fidèle, pour aller au village prochain. Ah! je sens mieux que jamais combien il m'est nécessaire. Voici la nuit qui s'approche; ce n'est pas que j'y voie mieux pendant le jour, mais au moins je pouvais rencontrer à chaque instant quelqu'un sur ma route, pour me dire si j'étais dans le bon chemin, au lieu qu'à présent je dois craindre de ne plus rencontrer personne. Je n'arriverai pas d'aujourd'hui à la ville, et mon pauvre petit chien m'attend pour souper. Ah! comme il va être chagrin de ne pas me voir!

A peine avait-il dit ces paroles, qu'il entendit quelqu'un se plaindre tout près de lui. Que je suis malheureux! disait-il; je viens de me démettre le pied dans cette ornière; il m'est impossible de l'appuyer à terre. Il faudra que je passe ici toute la nuit sur le chemin. Que vont penser mes pauvres parents?

Qui êtes-vous, s'écria l'aveugle, vous que j'entends pousser des plaintes si tristes?

Hélas! répondit le boiteux, je suis un pauvre jeune homme, à qui il vient d'arriver un cruel accident. Je revenais tout seul de notre maison de campagne; je me suis démis le pied, et me voilà condamné à coucher dans la boue.

L'aveugle. J'en suis bien fâché, je vous assure; mais dites-moi, y a-t-il encore un reste de jour, et pouvez-vous voir sur le chemin?

Le boiteux. Oh! si je pouvais marcher aussi bien que j'y vois, j'aurais bientôt tiré mes chers parents d'inquiétude.

L'aveugle. Ah! si je pouvais y voir aussi bien que je marche, j'aurais bientôt donné à souper à mon chien.

Le boiteux. Vous n'y voyez donc pas, mon cher ami?

L'aveugle. Hélas! non; je suis aveugle comme vous êtes boiteux. Nous voilà bien chanceux l'un et l'autre. Je ne peux pas avancer plus que vous.

Le boiteux. Avec quel plaisir je me serais chargé de vous conduire!

L'aveugle. Comme je me serais empressé d'aller vous chercher des hommes avec un brancard!

Le boiteux. Écoutez, il me vient une idée. Il ne tient qu'à vous de nous tirer de peine tous les deux.

L'aveugle. Il ne tient qu'à moi? Voyons quelle est votre idée? J'y tope d'avance.

Le boiteux. Les yeux vous manquent; à moi, ce sont les jambes. Prêtez-moi vos jambes, je vous prêterai mes yeux, et nous voilà l'un et l'autre hors d'embarras.

L'aveugle. Comment arrangez-vous cela, s'il vous plaît?

Le boiteux. Je ne suis pas bien lourd, et vous me paraissez avoir de bonnes épaules.

L'aveugle. Elles sont assez bonnes, Dieu merci.

Le boiteux. Eh bien! prenez-moi sur votre dos: vous me porterez, et moi je vous montrerai le chemin; de cette manière nous aurons à nous deux tout ce qu'il faut pour arriver à la ville.

L'aveugle. Est-elle loin encore?

Le boiteux. Non, non; je la vois d'ici.

L'aveugle. Vous la voyez? Hélas! il y a dix ans que je ne l'ai vue! Mais ne perdons pas un moment. Votre invention me paraît fort bonne. Où êtes-vous? Attendez, je vais m'agenouiller comme un chameau, vous en grimperez plus aisément sur mon échine.

Le boiteux. Rangez-vous un peu à droite, je vous prie.

L'aveugle. Est-ce bien comme cela?

Le boiteux. Encore un peu plus. Bon; je vais passer mes bras autour de votre cou. Vous pouvez maintenant vous relever.

L'aveugle. Me voilà debout. Vous ne pesez pas plus qu'un moineau. Marche!

Ils se mirent en route aussitôt; et comme ils avaient en commun deux bonnes jambes et deux bons yeux, ils arrivèrent en moins d'un quart d'heure aux portes de la ville. L'aveugle porta ensuite le boiteux jusque chez ses parents, et ceux-ci, après lui avoir témoigné leur reconnaissance, le firent conduire auprès de son petit chien.

C'est ainsi qu'en se prêtant un mutuel secours, ces deux pauvres infirmes parvinrent à se tirer d'embarras; autrement ils auraient été obligés de passer toute la nuit sur le grand chemin. Il en est de même pour tous les hommes. L'un a communément ce qui manque à l'autre; et ce que celui-ci ne peut pas faire, celui-là le fait. Ainsi en s'assistant réciproquement, ils ne manquent de rien, au lieu que s'ils refusent de s'aider entre eux, ils finissent par en souffrir également les uns et les autres.

4. Die Dünste.

Mr. de Verteuil. Pauline, sa fille.

Pauline. Mon papa, voulez-vous me permettre de monter sur cette banquette près de la croisée? Je n'ouvrirai pas la fenêtre; je ne veux que regarder dans la rue à travers les vitres.

M. de Verteuil. Je le veux bien, Pauline. Viens, je vais te poser moi-même sur la banquette. Tu peux maintenant voir passer les voitures et les belles dames qui sont dedans, comme si la fenêtre était ouverte.

Pauline. Il est vrai, papa. (*Après un moment de silence:*) Mais qu'est-ce donc? Je ne vois plus rien à travers la vitre. Elle était si claire il n'y a qu'un moment! D'où cela vient-il, je vous prie?

M. de Verteuil. Cela vient de ce que tu l'as obscurcie par ton haleine. Viens devant cet autre carreau. Ne vois-tu pas bien clair à travers?

Pauline. Oui, papa.

M. de Verteuil. Ouvre maintenant à demi la bouche en avançant les lèvres, et pousse ton haleine contre ce même carreau qui est encore si clair. Vois-tu comme il a été tout de suite obscurci par la vapeur sortie de ta bouche?

Pauline. Il est vrai.

M. de Verteuil. Et sais-tu ce que c'est que cette vapeur?

Pauline. Oh! non, du tout.

6*

M. de Verteuil. C'est de l'eau chaude sortie de ta bouche avec l'air que tu as soufflé au dehors. Tiens, je vais le faire moi-même, pour que tu voies mieux. Lorsque je pousse mon haleine contre cette vitre, elle se couvre d'une certaine quantité de vapeur. Si je souffle encore plus fort ou plus longtemps, cette vapeur devient de plus en plus épaisse, jusqu'à ce qu'elle redevienne de l'eau. Tiens, je vais recommencer. Vois-tu? Déjà il se forme de petites gouttes; déjà elles commencent à couler de long de la vitre. Les voilà toutes descendues, il ne reste plus de vapeur, et tu peux voir encore à travers cette même vitre, qui était tout à l'heure si trouble.

Pauline. Il est vrai, papa.

M. de Verteuil. Te voilà donc sûre, par tes yeux, qu'une vapeur est proprement de l'eau. Lorsque cette vapeur est légère, elle reste quelque temps dans cet état, comme tu peux le voir sur cette vitre qui est devant toi; et alors il n'est pas possible de distinguer par tes yeux si c'est de l'eau. Mais touche-la du bout du doigt, tu sentiras bien qu'elle est humide. Si cette vapeur vient à s'épaisser, alors elle devient de l'eau; et lorsque cette eau coule, il ne reste plus de vapeur. Regarde encore. *(Il recommence l'opération.)*

Pauline. Tout cela est vrai, papa.

M. de Verteuil. Veux-tu que je te le fasse voir plus clairement encore, avec une tasse d'eau bouillante?

Pauline. Oh! voyons, je vous prie. *(M. de Verteuil va chercher une tasse avec une soucoupe, il verse de l'eau bouillante dans la tasse.)*

M. de Verteuil. Vois, combien il sort de vapeur de cette eau.

Pauline. Oui, papa, il en sort beaucoup.

M. de Verteuil. Tiens la main au dessus, tu sentiras que cette vapeur est chaude et en même temps humide.

Pauline *(présentant la main à la vapeur)*. Oui, cela est vrai.

M. de Verteuil. Tu vois que cette soucoupe est bien sèche; touches-y toi-même. Eh bien! je vais l'exposer un moment à la vapeur. Vois-tu comme elle est devenue promptement humide? Maintenant je vais la tenir exposée plus longtemps. Regarde, la vapeur commence à s'épaissir au fond de la soucoupe. La voilà qui se forme déjà en petites gouttes. Ces gouttes se rassemblent autour du bord. En voici une prête à tomber. Reçois-la sur la main. Cette goutte est justement de l'eau, comme il y en a dans la tasse.

Pauline. Oui, c'est la même chose.

M. de Verteuil. Si tu sais retenir ce que je viens de te montrer, tu seras en état de comprendre des choses plus intéressantes, que je veux t'expliquer un autre jour.

Pauline. Oh! papa, je suis impatiente de les apprendre.

5. Der Regen.

M. de Verteuil. Pauline, Adrien, ses enfants.

Ad. Voulez-vous me permettre, papa, d'aller me promener avec ma soeur dans le jardin?

M. de Vert. Je le voudrais, mon ami, mais le temps est bien sombre. Je crains qu'il ne pleuve bientôt. Voyons, je ne me trompe pas. Voici les premières gouttes qui commencent à tomber.

Paul. Ah! tant pis. Mais non, c'est tant mieux que je voulais dire. La pluie va faire mûrir les groseilles.

M. de Vert. Il est vrai. Les groseilles et tous les autres fruits en ont besoin.

Paul. Nous en aurons une bonne ondée, car les nuages sont bien noirs.

M. de Vert. Tu te souviens donc de ce qui forme les nuages?

Paul. Oui, papa; ce sont des vapeurs comme celles qui sortaient l'autre jour de la bouilloire.

M. de Vert. Tu l'as fort bien retenu. En effet, comme nous le disions dans le même entretien, toutes les vapeurs qui s'élèvent de l'eau et de tout ce qu'il y a d'humide sur la terre, montent là-haut dans l'air, s'y rassemblent, et composent ainsi les nuages. Mais vous souvenez-vous de ce qui arrive, lorsque les vapeurs sont devenues trop épaisses?

Ad. Oui, papa, ces vapeurs redeviennent de l'eau.

M. de Vert. A merveille! Eh bien! lorsque les vapeurs qui forment les nuages sont redevenues de l'eau, elles retombent, comme elles sont maintenant, en gouttes de pluie.

Paul. Oui, je comprends; comme les vapeurs de l'eau bouillante que vous aviez reçues dans l'écuelle retombaient en gouttes le long des bords.

M. de Vert. On ne peut pas mieux, ma chère Pauline; mais savez-vous pourquoi les vapeurs s'élèvent et les gouttes retombent?

Ad. Non, papa.

M. de Vert. C'est que les vapeurs sont plus légères, que l'air, et que les gouttes d'eau sont plus pesantes.

Paul. Je ne comprends pas bien cela, papa.

M. de Vert. Je vais te l'expliquer d'une autre manière. Tiens, j'ai ici une petite pierre et un petit morceau de bois; prends-les, l'un et l'autre, et jette-les dans cette cuvette qui est pleine d'eau.

Paul. *(après les avoir jetés dans l'eau).* Oh! voilà la petite pierre au fond et le morceau de bois aussi; mais non, le morceau de bois revient sur l'eau.

Ad. Et la pierre y reviendra-t-elle aussi, papa?

M. de Vert. Non, mon ami; la pierre restera toujours au fond de l'eau, et le morceau de bois remontera toujours au-dessus. Regardez bien; si je pousse avec la main le morceau de bois jusqu'au fond de la jatte, aussitôt que je ne le retiens plus, il remonte.

Ad. Oui, cela est vrai, papa.

Paul. Et la pierre?

M. de Vert. Si je la retire du fond de la jatte et que je la laisse aller, elle retombe au fond comme auparavant.

Ad. Oui, je le vois, la pierre ne peut pas rester sur l'eau, et le morceau de bois ne peut pas rester au fond.

M. de Vert. Je vais te mettre tour à tour dans les mains une grosse pierre et un gros morceau de bois: tiens, ce morceau de bois n'est-il pas de la même grosseur que cette pierre?

Ad. Oui, papa, c'est la même chose.

M. de Vert. Pourrais-tu soulever ce morceau de bois et le tenir dans tes mains?

Ad. Je vais essayer, papa. *(Il soulève le morceau de bois et le porte.)* Oh! oui, je suis assez fort pour le tenir.

M. de Vert. Voyons maintenant la pierre.

Ad. *(essayant de soulever la pierre).* Oh! non, papa, elle est trop lourde pour moi, c'est tout ce que je puis faire que de la remuer.

M. de Vert. Te voilà donc bien convaincu par toi-même que la pierre est plus pesante que le bois, quoiqu'elle soit du même volume.

Ad. Oh! il n'y a pas de moyen d'en douter.

M. de Vert. Je vais maintenant jeter la pierre et le morceau de bois dans ce baquet rempli d'eau.

Paul. Voilà la pierre qui reste au fond, et le morceau de bois qui revient par-dessus.

Ad. D'où cela vient-il donc, papa?

M. de Vert. C'est que le bois étant plus léger qu'un pareil volume d'eau, monte au-dessus, et que la pierre au contraire étant plus pesante qu'un pareil volume d'eau, descend au-dessous. Il en est de même des nuages; les vapeurs dont ils sont formés, sont plus légères que l'air: c'est pourquoi elles cherchent, comme le morceau de bois, à s'élever au-dessus. Mais lorsqu'elles redeviennent de l'eau, cette eau étant plus pesante que l'air, elle doit, comme la pierre, chercher à tomber au-dessous.

Ad. Mais, papa, je croyais, d'après ce que vous m'aviez dit, que les vapeurs étaient toujours de l'eau.

M. de Vert. Oui, en effet, Adrien, elles sont toujours de l'eau, mais non de l'eau seulement. Les vapeurs sont de l'eau mêlée avec de l'air chaud, c'est-à-dire, avec de l'air et du feu. L'air chaud, mêlé avec les vapeurs, fait qu'elles sont plus légères que l'eau seule, comme je vais vous en donner la preuve. *(M. de Verteuil se fait apporter une jatte pleine d'eau de savon, avec un tuyau de paille.)* Regardez bien, mes enfants, je vais prendre un peu d'eau de savon au bout de ce tuyau. Le voilà qui se forme en goutte, et la goutte tombe. Je vais en prendre une autre et souffler dedans, vous verrez la différence. *(Il souffle.)*

Paul. Oh! papa, quelle jolie boule! Elle est de toutes les couleurs.

M. de Vert. *(secouant la boule du bout de son tuyau).* Voyez-vous, elle flotte maintenant dans l'air, parce que son poids est à peu près égal à celui d'un pareil volume d'air. Si j'avais pu parvenir à la faire beaucoup plus grosse, au lieu de flotter, elle se serait élevée rapidement comme la fumée, parce qu'elle aurait été beaucoup plus légère qu'un volume d'air pareil au sien.

Ad. Oh! papa, voilà qui est singulier; c'est peut-être aussi ce qui fait monter ces grands ballons que nous avons vus s'élever avec des hommes jusqu'au-dessus des nuages.

M. de Vert. Oui, mon cher Adrien, et je suis charmé que tu aies conjecturé cela de toi-même. Revenons à notre boule de savon; je vais la toucher du bout du doigt : voyez-vous, mes enfants, elle se brise; l'air chaud que j'y avais soufflé en sort, et se répand dans la chambre. Mais l'eau et le savon ne sont pas assez légers pour pouvoir se soutenir comme lui; il faut donc qu'ils retombent, et ils retombent, comme vous avez pu le voir, en petites gouttes. Il en arrive de même aux vapeurs dans les nuages. Les vapeurs sont de petites boules d'eau mêlées avec de l'air chaud. Ces boules sont justement en petit, ce que les boules que je viens de faire sont en grand. Tant que les boules d'eau restent entières, elles flottent en l'air comme font les boules de savon, mais aussitôt que ces petites boules crèvent, ou parce qu'elles sont poussées trop violemment l'une contre l'autre, ou par quelqu'autre raison que ce soit, alors l'air chaud qu'elles renferment en sort; l'eau reste seule, et comme elle est trop pesante pour pouvoir rester en l'air, elle tombe aussitôt, et en tombant elle se rassemble en petites gouttes pareilles à celle que vous voyez à présent tomber. Comprenez-vous maintenant comment se forme la pluie?

Paul. Oui, oui, papa; et dorénavant quand nous nous mouillerons, nous serons au moins en état de dire pourquoi.

6. Der Dienst aus Eigennutz.

Mathieu. Simon.

Math. Bon jour, voisin Simon! j'aurais aujourd'hui trois à quatre petites lieues à faire; ne pourriez-vous pas me prêter votre jument?

Sim. Je ne demanderais pas mieux, voisin; mais c'est qu'il me faut porter trois sacs de blé au moulin. Ma femme a besoin de farine.

Math. J'en ai un sac tout frais, voisin Simon; je suis en état de vous en prêter autant que vous en aurez besoin.

Sim. Voisin, vous le savez, il n'y a personne qui aime à rendre service comme moi; mai la jument a refusé ce matin de manger la paille. Je crains qu'elle ne puisse pas aller.

Math. N'en soyez pas inquiet; je ne la laisserai pas manquer d'avoine sur la route.

Sim. Ah! j'oubliais que ma selle est en lambeaux, et que j'ai donné ma bride à raccommoder.

Math. Heureusement j'ai une selle et une bride à la maison.

Sim. Certainement, voisin, vous savez que personne n'est plus disposé que moi à obliger ses amis. Vous auriez de tout mon cœur ma jument, mais voilà quinze jours qu'elle n'a été pansée; si on la voyait dans cet état, je ne pourrais plus en avoir dix écus quand je voudrais la vendre.

Math. Un cheval est bientôt pansé; mon valet l'aura fait dans un quart d'heure.

Sim. (*apercevant son valet*). François!

François (*en s'avançant*). Que voulez-vous, maître?

Sim. Tiens, voilà le voisin Mathieu qui voudrait emprunter ma jument: tu sais qu'elle a une écorchure sur le dos de la largeur de ma main... (*il lui fait signe de l'œil*)... va voir si elle est guérie.

François (*sort et rentre un instant après*). Maître, vous disiez de la largeur de votre main, c'est de la largeur de mes épaules qu'il fallait dire. La pauvre bête n'est pas en état de faire un pas.

Sim. Ah! mon voisin, je suis fâché que les choses tournent de cette manière. J'aurais donné tout au monde pour vous prêter ma jument. J'en suis au désespoir, mon cher Mathieu.

Math. J'en suis aussi désespéré pour vous, mon cher Simon. Vous saurez que je viens de recevoir un billet de l'intendant de Monseigneur. Il m'avertit que si j'arrive à midi, il peut me faire adjuger la coupe d'une partie de la forêt. Il y aurait eu quinze à vingt louis à gagner pour vous; car je pensais à vous employer pour l'exploitation. Mais...

Sim. Comment? quinze à vingt louis, dites-vous?

Math. Peut-être davantage. Cependant comme...

Sim. François! François! sellez de suite ma jument pour le voisin Mathieu.

Math. Mais votre selle qui est en lambeaux!

Sim. C'est de la vieille que je parlais. J'en ai une neuve ainsi que la bride.

Math. Mais si la pauvre bête a une plaie aussi large, que le dit François...

Sim. Oh! je connais le drôle: il se plaît toujours à grossir le mal. Je parie qu'il n'y en a pas de la largeur du petit doigt.

Math. Il faut donc qu'il la panse un peu; car depuis quinze jours... ,

Sim. La panser? Je voudrais bien voir qu'il y manquât un seul jour de la semaine!

Math. Qu'il lui donne au moins quelque chose. Ne m'avez-vous pas dit qu'elle avait refusé la paille?

Sim. C'est qu'elle s'était rassasiée de foin. Ne craignez pas, elle vous portera comme un oiseau. Venez, venez monter; je vous tiendrai l'étrier.

Die Mode-Erziehung.

Drama in einem Act.

PERSONNAGES:

Mad. Beaumont.
Léonor, sa nièce.
Didier, son neveu.
Mr. Verteuil, tuteur des deux enfants.
Mr. Dupas, maître de danse.
Finette, femme de chambre.

La scène se passe dans un salon de l'appartement de madame Beaumont.

Scène première.

Mad. Beaumont. Mr. Verteuil.

Beaum. Non, monsieur Verteuil, je ne puis vous le pardonner. Pendant cinq ans n'être pas venu nous voir une seule fois, ni moi, ni votre pupille!

Vert. Que voulez-vous? Les devoirs de mon état, la faiblesse de ma santé, la crainte des incommodités de la route....

Beaum. Quinze lieues! un grand voyage!

Vert. Très grand pour moi, qui ne me déplace pas aisément. Mes infirmités ne me permettent pas plus de courir le monde, que de m'y promettre encore un long séjour.

Beaum. Et à quel motif devons-nous enfin cette héroïque résolution?

Vert. Au désir de voir les enfants de feu mon ami, Léonor et Didier.

Beaum. Ah! Léonor! Léonor! On devrait accourir, pour la voir un instant, des deux bouts de l'univers. Tant de talents; tant d'esprit!

Vert. Vous m'inspirez une bien forte envie de la connaître. Où est-elle? que j'aie le plaisir de l'embrasser.

Beaum. Elle est encore à sa toilette.

Vert. Comment! à l'heure qu'il est? Et Didier, pourquoi n'est-il pas venu de sa pension chez vous pour m'attendre?

Beaum. Il était un peu tard hier lorsque vous m'avez fait annoncer votre arrivée. Les domestiques ont été fort occupés ce matin; et la femme de chambre n'a pu quitter un instant ma nièce.

Vert. Faites-moi le plaisir d'envoyer chercher tout de suite Didier. Dans l'intervalle je monterai chez sa soeur.

Beaum. Non, non, mon cher Mr. Verteuil; vous pourriez lui causer quelque saisissement; je cours la prevenir. *(Elle sort.)*

Scène deuxième.

Mr. Verteuil.

Madame Beaumont élève, à ce que je vois, sa nièce ainsi qu'on l'a élevée elle-même, à s'attifer comme une poupée et se tenir toujours en parade. Encore si ces frivolités ne lui ont pas fait négliger des soins plus essentiels!

Scène troisième.

Mad. Beaumont. Mr. Verteuil.

Beaum. Vous allez la voir descendre dans un moment, elle n'a plus qu'une plume à placer.

Vert. Comment! une plume? Et croyez-vous qu'une plume de plus ou de moins m'embarasse beaucoup? Son impatience de me voir ne devrait-elle pas être aussi vive que la mienne?

Beaum. Aussi vive, certainement. C'est le désir qu'elle aurait de vous plaire....

Vert. Ce n'est peut-être pas au moyen de sa plume qu'elle se flatte d'y parvenir. Et avez-vous eu la bonté d'envoyer chercher votre neveu?

Beaum. *(d'un air impatient).* Oh! mon neveu? vous aurez toujours assez le temps de le voir.

Vert. Vous m'en parlez comme si je n'en devais pas recevoir une grande satisfaction.

Beaum. Ce n'est pas qu'il soit méchant; mais c'est que cela ne sait pas vivre.

Vert. Comment donc? Est-il impoli, sauvage, grossier?

Beaum. Non pas tout à fait. On dit qu'il a déjà la tête meublée d'une quantité de choses savantes; mais pour cette aisance, ce bon ton, cette fleur de politesse....

Vert. Si ce n'est que cela, il sera bientôt formé. Et son coeur?

Beaum. Je ne le crois ni bon, ni méchant. Mais Léonor, de quelles perfections elle est ornée! quelles manières enchanteresses! Je ne le vois pas souvent, lui.

Vert. Et pourquoi donc?

Beaum. De peur de le détourner de ses études. Aussi bien, lorsqu'il est ici, je ne le trouve pas assez attentif aux leçons de savoir-vivre qu'on lui donne; il ne sait pas non plus s'exprimer avec grâce. Je l'ai mené quelquefois dans un cercle de femmes. Il n'a pas trouvé un mot heureux à placer.

Vert. C'est que la conversation a roulé apparemment sur des choses qui lui sont étrangères.

Beaum. Un jeune homme bien élevé ne doit jamais trouver rien d'étranger parmi les femmes.

Vert. Un silence modeste sied fort bien à son âge. Son rôle est maintenant d'écouter pour s'instruire, et se mettre en état de parler à son tour.

Beaum. Bon! voulez-vous en faire une poupée qui ne peut se mouvoir avant que ses rouages ne soient montés? Oh! il faut entendre jaser Léonor! C'est une aisance, un esprit, une vivacité! On a de la peine à suivre ses paroles.

Vert. Nous verrons qui sera le plus digne de ma tendresse. Vous vous souvenez que je promis à leur père mourant de les regarder comme ma propre famille. Je veux remplir cette parole sacrée. Comme je ne peux savoir combien de temps encore le ciel me donne à passer sur la terre, je suis venu ici pour voir ces enfants, étudier leur caractère, et régler en conséquence les dernières dispositions que je me propose de faire en leur faveur.

Beaum. Oh le plus fidèle et le plus généreux des hommes! Mon frère, jusque dans sa tombe, sera touché de vos bienfaits. Et moi, comment pourrais-je vous exprimer ma reconnaissance au nom de ses enfants?

Vert. Ce que vous appelez un bienfait n'est qu'un devoir. Votre digne père me fit autrefois partager l'heureuse éducation qu'il donnait à son fils. C'est à ses soins que je dois la fortune que j'ai acquise. Je n'ai point d'enfants; ses petits-fils m'appartiennent, et ils ont droit, pendant ma vie et après ma mort, à des biens que je n'ai cherché à étendre que pour les enrichir.

Beaum. En ce cas Léonor, comme la plus aimable....

Vert. Si je fais quelque distinction, ce ne sera point pour de frivoles agrémens, ce seront les qualités et les vertus qui décideront mes préférences.

Beaum. Ah! la voici qui vient.

Scène quatrième.

Mad. Beaumont. Mr. Verteuil. Léonor *(dans une parure au dessus de son état et de son bien).*

Vert. *(étonné).* Comment! c'est Léonor?

Beaum. Vous êtes surpris, je le vois, de la trouver si charmante. — Tu nous as fait un peu attendre, mon coeur.

Léon. *(faisant à Mr. Verteuil une révérence cérémonieuse).* C'est que Finette n'a jamais pu réussir à placer mes plumes. Je les ai bien ôtées dix fois. Enfin, je l'ai renvoyée de dépit, et je me suis coiffée moi-même. — Je suis enchantée, Mr. Verteuil, de vous voir en bonne santé.

Vert. *(allant vers elle, et lui tendant les bras).* Et moi, ma chère Léonor.... *(Elle se détourne avec un air dédaigneux.)* Eh bien! est-ce que tu crains de me regarder comme ton père?

Beaum. Oui, Léonor, comme ton père et notre bienfaiteur. *(A. Mr. Verteuil:)* Il faut lui pardonner, je vous prie. Elle est élevée dans la modestie et dans la reserve.

Vert. Elle ne les aurait point blessées en recevant les témoignages de mon amitié. Je lui dois aussi de tendres reproches pour avoir tardé si longtemps à satisfaire mon impatience.

Léon. Pardonnez-moi, monsieur, j'étais dans un état à ne pouvoir paraître devant vous avec bienséance.

Vert. Une jeune demoiselle doit être toujours en état de paraître avec bienséance devant un honnête homme. Un déshabillé modeste et décent est toute la parure qui lui convient pour cela dans la maison.

Beaum. Oui; mais pour recevoir un hôte comme vous, le respect demande....

Vert. Une plume de moins, et quelque empressement de plus à venir audevant d'un ami qui fait quinze lieues pour vous voir. Oui, je l'avoue, mon coeur aurait été mille fois plus flatté de voir mes enfants (car ils le sont par la tendresse qu'ils m'inspirent, et par mon amitié pour leur père), de les voir, dis-je, accourir à moi les bras ouverts, et m'accabler de leurs touchantes caresses.

Beaum. C'est la vénération dont vous l'avez d'abord saisie....

Vert. N'en parlons plus. Tu me recevras une autre fois avec plus d'amitié, n'est-ce pas ma chère Léonor? Tu n'es pas au moins fâchée de ce que j'ose te tutoyer? Je ne t'ai pas appelée autrement dans ton enfance; les cinq années que j'ai passées sans te voir, n'ont produit aucun changement dans mon coeur. J'espère bien, après ton mariage, te traiter encore avec cette douce familiarité.

Léon. Ce sera beaucoup d'honneur pour moi.

Vert. Point de ces compliments de cérémonie. Dismoi que cela te fera plaisir. Mais comme tu t'es formée depuis que je ne t'ai vue! Une taille élégante, des manières aisées, un noble maintien....

Beaum. Oh! charmante! adorable!

Vert. Tous ces avantages cependant ne sont rien sans les grâces de la pudeur et de la modestie, le charme de l'affabilité, l'expression ingénue des mouvements de l'ame, et la culture des talents de l'esprit.

Beaum. Oui, oui, de ces talents qui donnent de la considération dans le grand monde.

Vert. Dans le grand monde, madame? Est-ce que Léonor doit s'y produire? Je n'ai plus rien à désirer, si elle possède seulement les qualités qui peuvent l'honorer dans une société choisie et dans l'intérieur de sa maison, devant sa conscience et aux regards de Dieu.

Beaum. Oh! sûrement, cela s'entend de soi-même, Mr. Verteuil. Je veux dire qu'elle est en état de se présenter partout avec honneur. Viens, ma chère Léonor, fais-nous entendre quelque jolie pièce sur ton clavecin.

Léon. Non, ma tante, cela pourrait déplaire à Mr. Verteuil.

Vert. Que dis-tu, ma chère enfant? Je suis très sensible au charme de la musique, et je ne connais point d'amusement plus convenable à une jeune demoiselle.

Beaum. Eh! quoi de plus digne de notre admiration que ces talents enchanteurs, le dessin, la danse, la musique! Léonor, cette charmante ariette! tu sais bien? *(Léonor va d'un air boudeur au clavecin, prélude un moment, et commence une sonate.)* Non, non, il faut aussi chanter. Elle a une voix, Mr. Verteuil! Vous allez l'entendre. Si vous saviez combien d'applaudissements elle a reçus dans le dernier concert! Mais elle a un peu d'amour-propre, et il faut se mettre à ses pieds.

Vert. J'espère bien que j'obtiendrai quelque chose sans cette cérémonie. N'est-il pas vrai, Léonor?

Léon. Vous n'avez qu'à ordonner, monsieur.

Vert. Non, cela n'est pas dans mon caractère; je t'en prie seulement.

Léon. *(bas à sa tante, en ouvrant son cahier, avec dépit).* Je vous ai là une grande obligation.

Beaum. *(bas à Léonor).* Au nom du ciel, mon coeur, obéis; ta fortune en dépend.

Vert. Si elle n'est pas en voix aujourd'hui, je peux attendre.

Léon. *(chante en s'accompagnant sur le clavecin).*

> Vermeille rose,
> Que le Zéphyr etc.

(et à peine a-t-elle fini que madame Beaumont s'écrie en battant des mains:)

Bravo! bravo! bravissimo!

Vert. En effet, ce n'est pas mal pour un enfant de son âge. J'aurais pourtant désiré une chanson plus rapprochée des principes que vous lui inspirez sans doute.

Beaum. Eh bien! monsieur, n'en sentez-vous pas là morale? *(Elle chante:)*

> Mais sur la tige
> Tu va languir
> Et te flétrir etc.

C'est-à-dire, qu'une jeune personne doit se produire dans le monde, si elle veut tirer quelque avantage de ses talents, et ne pas mourir ignorée au fond de sa retraite.

Vert. Croyez-moi, madame, c'est-la de préférence qu'un époux digne d'elle viendra la chercher. *(Il aper-*

çoit un dessin suspendu à la tapisserie, représentant une jeune bergère surprise dans son sommeil par un faune. Il le considère avec étonnement.)

Beaum. Ha, ha! comment le trouvez-vous?

Vert. Fort bien, si Léonor l'a fait sans le secours de son maître.

Beaum. Véritablement, il l'a un peu retouché.

Vert. Je crois qu'il aurait pu mieux faire encore, en lui choisissant un sujet plus heureux, quelque trait de bienfaisance, une action vertueuse, qui aurait élevé son ame en perfectionnant son talent.

Scène cinquième.

Mad. Beaumont. Mr. Verteuil. Léonor. Finette.

Finette (*à Mr. Verteuil*). Monsieur, vos malles viennent d'arriver. Les ferai-je porter dans votre appartement?

Vert. (*à Mad. Beaumont*). Vous avez donc la bonté de me loger, madame?

Beaum. Je m'en fais autant d'honneur que de plaisir.

Vert. Je vous en remercie. Je vais donner un coup-d'oeil à mes affaires, et je reviens. (*Il sort avec Finette.*)

Scène sixième.

Mad. Beaumont. Léonor.

Léonor. Bon! le voilà dehors. Je respire.

Beaum. Doucement, doucement, Léonor, qu'il ne puisse vous entendre!

Léonor. Qu'il m'entende s'il veut! Je suis si piquée, que je briserais volontiers mon clavecin et que je mettrais en pièces tous mes dessins et mes cahiers de musique.

Beaum. Calme-toi donc, mon enfant, tu as besoin ici de toute ta modération.

Léonor. C'est bien assez, je crois, de m'être possédée en sa présence. Ne l'avez-vous pas vu? Ne l'avez-vous pas entendu?

Beaum. Les personnes de son âge ont leurs bizarreries.

Léonor. Pourquoi donc m'y exposer? Il ne fallait pas me faire chanter devant lui. Je ne le voulais pas. Voilà ce que c'est de faire toujours à sa tête comme vous. Mais il n'a qu'à y revenir.

Beaum. Ma chère Léonor, je t'en conjure. Tu ignores peut-être que ta fortune dépend absolument de monsieur Verteuil.

Léonor. Ma fortune?

Beaum. Hélas! oui. Faut-il que je t'avoue ce que tu tiens déjà de ses bontés?

Léonor. Oh! je le sais. De petits présents qu'il me fait de loin en loin. Je puis fort bien me passer de ses cadeaux.

Beaum. Ah! ma chère enfant, sans lui tu serais bien malheureuse. Ce que ton père t'a laissé pour héritage est si peu de chose! De mon côté je n'ai qu'un revenu très médiocre. Comment aurais-je pu avec ces seuls moyens fournir aux dépenses de ton éducation?

Léonor. Est-il possible, ma tante? Quoi, c'est à Mr. Verteuil que je suis si redevable? S'occupe-t-il aussi de mon frère?

Beaum. C'est lui qui paie également sa pension et ses maîtres.

Léonor. Vous me l'aviez toujours caché!

Beaum. Pourvu que rien ne manquât à tes besoins, que t'importait cette connaissance? Tu vois par-là combien il est important de le ménager, de lui montrer des égards et du respect. Mais ce n'est pas tout: il a voulu vous voir, ton frère et toi, avant d'écrire son testament, afin de régler ses dispositions en votre faveur.

Léonor. Oh! que je suis à présent fâchée de lui avoir montré de l'humeur et du dépit!

Beaum. C'est aussi fort mal de sa part. Écouter froidement ta voix brillante! Ne pas être transporté de plaisir à ton exécution sur le clavecin! Quoi qu'il en soit, il faut que tu le flattes; autrement toutes ses préférences seront pour Didier.

Léonor. Ah! il les mérite mieux que moi; je le sens.

Beaum. Que dis-tu? C'est bien peu te connaître. Et quelle serait ta destinée! Un homme sait toujours faire son chemin dans le monde. Mais une femme, quelle ressource peut-elle avoir?

Léonor. Il est vrai. Vous me faites sentir par-là que j'aurais dû apprendre des choses plus utiles que le dessin, la danse et le clavecin.

Beaum. Folle que tu es! Avec la fortune que tu peux te promettre, qu'est-ce qu'une jeune demoiselle doit désirer de plus que des talents agréables pour briller dans la société? Il ne s'agit que d'intéresser Mr. Verteuil en ta faveur. Avec des attentions et des complaisances nous en ferons ce qu'il nous plaira.

Scène septième.

Mad. Beaumont. Léonor. Finette.

Fin. Mademoiselle, Mr. Dupas vous attend pour vous donner leçon.

Beaum. Dis-lui de monter ici. (*Finette sort.*)

Léon. Non, ma tante, renvoyez-le, je vous en prie. Si j'allais encore déplaire à Mr. Verteuil!

Beaum. Comment donc? Il faut qu'il te voie danser. Tu danses avec tant de grâces! Tu lui tourneras la tête, j'en suis sûre. (*Elle court après.*) Entrez, entrez, Mr. Dupas.

Scène huitième.

Mad. Beaumont. Léonor. Mr. Dupas.

Beaum. (*à Mr. Dupas.*) N'est-il pas vrai, monsieur, que ma nièce danse comme un ange?

Mr. Dupas (*en s'inclinant*). Comme un ange, madame, à vous obéir.

Beaum. Son tuteur assistera peut-être à la leçon. Songez, monsieur, à faire briller le talent de Léonor de tout son éclat.

Dupas. Oui, madame, et le mien aussi, je vous en réponds. (*Mr. Verteuil paraît.*)

Scène neuvième.

Mad. Beaumont. Mr. Verteuil. Léonor. Mr. Dupas.

Beaum. (*prenant Mr. Verteuil par la main*). Venez vous asseoir à mon côté, Mr. Verteuil. Je veux que vous voyez danser Léonor. C'est un vrai zéphyr. Mr. Dupas, cette allemande nouvelle de votre composition.

Léon. Mais je ne la danserai pas toute seule.

Beaum. Mr. Dupas la dansera avec toi, je vais la fredonner. N'ayez pas peur! je vous conduirai bien.

Vert. Permettez-moi, madame, de demander de préférence un menuet.

Dupas. Je ne pourrai y mettre beaucoup de grâces, s'il faut que je joue en même temps.

Vert. Ce n'est pas de vos grâces qu'il s'agit, monsieur, c'est de celles de Léonor.

Dupas. Vous en jugeriez beaucoup mieux dans une entrée de chaconne.

Vert. De chaconne dites-vous? Fi donc!

Dupas. Quoi, monsieur! la haute danse!

Vert. Léonor ne doit pas figurer sur un théâtre. C'est un menuet que j'ai demandé.

Dupas. Comme il vous plaira, monsieur. Allons, mademoiselle. (*Léonor danse le menuet. Mr. Dupas la suit en jouant de sa pochette. Il s'interrompt de temps en temps pour lui dire:*) Portez votre tête plus haut.... Les épaules effacées.... Déployez mollement vos bras.... En cadence.... Un air noble, voyez-moi.

Vert. (*quand le menuet est fini*). Fort bien, Léonor, fort bien. (*A. Mr. Dupas:*) Monsieur, votre leçon est finie pour aujourd'hui. (*Mr. Dupas fait un salut profond à la compagnie, et se retire.*)

Léonor (*bas à madame Beaumont*). Eh bien! ma tante, vous voyez les grands compliments que j'ai reçus.

Beaum. Quoi! Mr. Verteuil, vous n'êtes pas enchanté, ravi, transporté? Vous n'y avez sûrement pas fait attention, ou vous êtes encore si fatigué de votre voyage....

Vert. Pardonnez-moi, madame, j'ai déjà marqué ma satisfaction à Léonor. Mais voulez-vous que j'aille m'extasier sur un pas de danse? Je réserve mon enthousiasme pour des perfections plus dignes de l'exciter.

Scène dixième.

Mad. Beaumont. Mr. Verteuil. Léonor. Didier.

Didier (*s'élançant dans le salon, court vers Mr. Verteuil, lui saute au cou, et l'embrasse avec tendresse*). Oh! mon cher Mr. Verteuil, mon tuteur, mon père, quelle joie j'ai de vous voir!

Beaum. Que veut dire cette pétulance? Est-ce qu'il faut étouffer ses amis?

Vert. Laissez-le faire, madame. Les transports de sa joie me flattent bien plus que des révérences froides et compassées. Viens, mon cher Didier, que je te presse contre mon coeur. Quels doux souvenirs tu me rappelles! Oui, les voilà, ces traits nobles et cette figure aimable qui distinguaient ton père.

Beaum. Pourquoi n'avoir pas mis votre habit de taffetas et votre veste brodée? On ne fait pas des visites en frac.

Didier. Mais, ma tante, pour m'habiller il m'aurait fallu un peu de frisure. C'est un quart-d'heure au moins que j'aurais perdu. Non, je n'aurais jamais eu la patience d'attendre.

Vert. J'aurais eu bien du regret aussi, je l'avoue, de voir un quart-d'heure plus tard cet excellent enfant.

Beaum. Eh bien, monsieur, vous n'avez donc rien à nous dire, à votre sœur ni à moi? Vous ne nous avez pas seulement souhaité le bon jour.

Didier. Daignez me pardonner, ma chère tante; j'étais si joyeux d'embrasser mon tuteur! (*A Léonor, en lui tendant la main:*) Tu ne m'en veux pas, Léonor?

Léonor (*sèchement*). Non, monsieur.

Vert. Veuillez l'excuser, madame, à ma considération. Je serais fâché d'être pour lui un sujet de reproche.

Beaum. (*à part*). Je n'y saurais tenir plus longtemps. (*A Mr. Verteuil:*) Voulez-vous bien permettre, monsieur? J'aurais quelques ordres à la maison.

Vert. Ne vous gênez pas, madame, je vous en supplie.

Beaum. (*bas à Léonor*). Est-ce que tu veux être témoin de leur insupportable entretien? (*Haut:*) Suivez-moi, Léonor; j'ai besoin de vous.

Léonor. Non, ma tante, je resterai avec Mr. Verteuil, s'il a la bonté de me le permettre.

Vert. Très volontiers, mon enfant. (*Mad. Beaumont sort avec un air de dépit.*)

Scène onzième.

Mr. Verteuil. Léonor. Didier.

Vert. Eh bien, mon cher Didier, est-on content de toi dans ta pension?

Didier. C'est à mon maître de vous le dire. Je ne me crois pourtant pas mal dans son amitié.

Vert. Quelles sont à présent tes études?

Didier. Le grec et le latin, d'abord: ensuite la géographie, l'histoire et les mathématiques.

Léonor (*à part*). Voilà bien des choses dont je savais à peine le nom.

Vert. Et y fais-tu quelques progrès?

Didier. Oh! plus j'apprends, plus je vois que j'ai encore à m'instruire. Je ne suis pas le dernier de mes camarades, toujours.

Vert. Et le dessin, la danse, la musique?

Didier. De tout cela un peu aussi. Je m'applique davantage dans cette saison à la musique et au dessin, parce que le maître dit qu'il ne faut pas faire trop d'exercice dans l'été. En revanche, pendant l'hiver, je

pousse plus vigoureusement la danse, parce que l'exercice convient mieux alors.

Vert. Voilà qui me paraît fort bien entendu.

Didier. D'ailleurs je ne peux pas y donner beaucoup
de temps. Je ne m'en occupe guère que dans mes heures
de récréation, ou après avoir fini mes devoirs. L'essentiel, dit le maître, est de former mon coeur et d'enrichir
mon esprit de belles connaissances, pour vivre honora-
blement dans le monde, me rendre utile à mon pays et
à mes semblables, et devenir heureux moi-même par ce
moyen.

Vert. (*le prenant dans ses bras*). Embrasse-moi, mon
cher Didier.

Léonor (*à part*). Si c'est là l'essentiel, ma tante l'a
bien négligé.

Didier. Oh! mon cher Mr. Verteuil, je ne suis pas
tout à fait si bon que vous l'imaginerez peut-être.

Vert. Comment cela, mon ami?

Didier. Je suis un peu étourdi, un peu dissipé. Par
exemple, je brouille quelquefois mes heures, et je fais
dans l'une ce que j'aurais dû faire dans l'autre. J'ai de
la peine à me corriger de quelques mauvaises habitudes;
et je retombe par légèreté dans des fautes qui m'ont
causé dix fois du repentir.

Vert. Et y retomberas-tu encore?

Didier. Vraiment non, si j'y pense; mais j'oublie
presque toujours mes bonnes résolutions.

Vert. Je suis fort aise, mon ami, que tu remarques
toi-même tes défauts. Reconnaître ses défauts est le premier pas vers le bien. Qu'en penses-tu, Léonor?

Léonor. Je pense que je ne suis ni étourdie, ni dis-
sipée, et que je n'ai pas les défauts de mon frère.

Vert. D'autres peut-être?

Léonor. Ma tante ne m'en a jamais rien dit.

Vert. Elle devrait être la première à les apercevoir.
Mais la tendresse nous aveugle quelquefois sur les
imperfections de nos amis. Je ne dis pas cela pour te
fâcher.

Léonor (*à part*). Le vilain homme! il flatte mon
frère, et il n'a que des choses désagréables à me dire.

Vert. Restez ici, mes enfants, je vais voir si mon
domestique a tiré mes effets de la valise. J'ai quelque
chose pour vous, et je serai bientôt de retour. (*Il sort.*)

Didier. Oui, oui, nous vous attendrons. Ne tardez pas longtemps.

Scène douzième.
Léonor. Didier.

Léonor. Il peut garder ses cadeaux. Ce sont de belles choses, je crois, qu'il nous apporte.

Didier. Que dis-tu, Léonor? Tout ce que tu as dans ton appartement et sur ta personne, ne te vient-il pas de notre cher bienfaiteur? Ah! quand il ne me donnerait qu'une bagatelle, je serais toujours sensible à sa bonté.

Léon. Non, je suis si dépitée contre lui, contre moi, contre ma tante!.... je crois que je battrais tout l'univers.

Did. Comment! et moi aussi? Qu'as-tu donc, ma pauvre soeur? (*Il lui prend la main.*)

Léon. Si tu avais été aussi maltraité!

Did. Toi maltraitée? Et par qui? Ma tante ne te laisse pas prendre l'air de peur de t'enrhumer; et je crois qu'elle mettrait volontiers la main sous tes pieds pour t'empêcher de toucher la terre.

Léon. Oui, mais Mr. Verteuil! C'est un homme si grossier!

Did. Comme tu parles, ma soeur! Il est au contraire si indulgent, si bon!

Léon. Je n'ai rien fait à sa fantaisie; mon chant, mon dessin, ma danse, tout cela n'est rien pour lui; il méprise ce que je sais, et me parle de choses essentielles que j'aurais dû apprendre.

Did. Écoute, je crois qu'il a raison.

Léon. Il a raison? Et ma tante, elle a tort, n'est-ce pas? Qu'est-ce qu'il entend par des choses essentielles?

Did. Je peux te le dire sans être bien savant.

Léon. Oh oui! toi! qu'est-ce donc?

Did. Dit-moi, Léonor, lis-tu quelquefois?

Léon. Sans doute, quand j'ai le temps.

Did. Et que lis-tu alors?

Léon. Des comédies pour aller au spectacle, ou un gros recueil de chansons pour les apprendre par coeur.

Did. Vraiment, voilà de bonnes lectures pour ton âge! Crois-tu qu'il n'y ait pas de livres plus instructifs?

Léon. Quand il y en aurait, où trouver un moment pour les lire? Ma toilette du matin et mon déjeûner m'occupent jusqu'à dix heures. Ensuite vient le maître de danse jusqu'à onze; après lui le maître de dessin. Nous dînons. A quatre heures ma leçon de musique; puis je m'habille pour le soir; puis nous allons faire des visites, ou nous en recevons; et puis nous voilà au bout de la journée.

Did. Est-ce tous les jours la même chose?

Léon. Sans contredit.

Did. Oh bien! mon maître a des filles, grandes à peu près comme toi; mais leur temps est tout autrement partagé que le tien.

Léon. Comment donc, mon frère?

Did. D'abord à six heures l'été, à sept heures l'hiver, elles sont habillées pour tout le jour.

Léon. Elles ne dorment donc point, ou elles sont assoupies dans la journée?

Did. Elles sont plus éveillées que toi. C'est qu'elles se couchent à dix heures.

Léon. A dix heures au lit?

Did. Sûrement, pour se lever de bonne heure le lendemain. Tandis que tu dors encore, elles ont déjà reçu des leçons de géographie, d'histoire et de calcul. A dix heures elles prennent l'aiguille ou la navette; et vers midi elles s'occupent avec leur mère de tous les détails de la maison.

Léon. *(d'un air de mépris).* Est-ce qu'on en veut faire des femmes de charge?

Did. J'espère qu'une si bonne éducation leur procurera un sort plus heureux. Mais ne doivent-elles pas savoir commander aux domestiques, ordonner un repas, conduire un ménage?

Léon. Et l'après-midi s'occupent-elles encore?

Did. Pourquoi non? Elles ont leur écriture et leur clavecin. Le soir on se rassemble autour d'une table, et l'une d'elles lit à haute voix *les Conservations d'Emilie ou le Théâtre d'éducation,* tandis que les autres travaillent au linge du ménage ou à leurs ajustements.

Léon. Elles ne prennent donc jamais de récréation?

Did. Que dis-tu? Elles s'amusent mieux que des reines. Tous ces travaux sont entremêlés de petits jeux, d'entretiens agréables. Elles rendent aussi et reçoivent quelquefois des visites; mais toujours leur sac à ouvrage à la main. Je ne les ai jamais vues oisives un moment.

Léon. Ah! c'est apparemment ce qu'entendait Mr. Verteuil. Ma tante dit cependant que c'est une éducation commune qui ne convient qu'à des enfants de bourgeois.

Did. Oui, comme nous le sommes. Mais quand elles seraient de condition, ces instructions-là ne leur seraient pas inutiles. Il faut bien qu'elles connaissent le travail d'une maison, pour le faire exécuter par leurs domestiques. Si elles n'entendent rien, tout le monde s'accordera pour les tromper, et plus elles seront riches, plutôt elles seront ruinées.

Léon. Tu m'épouvantes, mon frère. J'ignore absolument tout cela. A peine sais-je manier une aiguille. Cependant, je viens d'apprendre que nous n'avons rien que ce que nous tenons de Mr. Verteuil.

Did. Tant pis, ma chère Léonor, car s'il venait à nous abandonner, ou si nous avions le malheur de le perdre.... Mais peut-être que ma tante est riche?

Léon. Oh! non, elle ne l'est pas, elle me l'a dit tout-à-l'heure. A peine aurait-elle de quoi vivre elle-même. Que deviendrons-nous tous les deux?

Did. Je serais un peu embarassé d'abord. Mais je mettrais ma confiance en Dieu, et j'espère qu'il ne m'abandonnerait pas. Il se trouve toujours des personnes généreuses dont nous gagnons l'amitié par nos talents, et qui se font un plaisir de nous employer. Par exemple, dans quelques années, lorsque je serai un peu plus avancé dans ce que j'apprends, je pourrais montrer à des enfants moins instruits que moi, ce que je saurais. Je m'instruirais tous les jours davantage, et avec du courage et de la conduite, l'habitude du travail et de l'application, on s'ouvre tôt ou tard un chemin pour arriver à la fortune.

Léon. Et moi, que me serviraient mon chant et mon clavecin, mon dessin et ma danse? Je mourrais de misère avec ces vaines perfections.

Did. Voilà pourquoi notre tuteur demandait si l'on ne t'avait pas fait apprendre des choses plus utiles que celles qui ne servent qu'au plaisir et à l'agrément.

Léon. Oui, et quelquefois au chagrin: car lorsque je danse ou que je fais de la musique dans une société, si l'on ne me donne pas autant de louanges que je m'en crois digne, je suis d'une humeur... Je t'avouerai que je m'y ennuie aussi fort souvent.

Did. Et de quoi vous entretenez-vous donc?

Léon. De modes, de parure, de comédies, de promenades, d'histoires de la ville. Nous répétons dans une maison ce que nous avons appris dans l'autre; mais tout cela est bientôt épuisé.

Did. Je le crois. Ce sont des sujets bien pauvres; quand on pense à tout ce que la nature offre d'admirable à nos yeux, et à tout ce qui se passe autour de nous dans la grande société de l'univers. Voilà les objets dignes de nous occuper, et qui peuvent nous apprendre à réfléchir sur nous-mêmes.

Léon. Tu viens de m'en convaincre. Quoique plus jeune de deux ans, tu es déjà bien plus formé que moi. Oh! combien ma tante a négligé des choses utiles dans mon éducation!

Scène treizième.

Mad. Beaumont. Léonor. Didier.

Beaum. (*qui a entendu les dernières paroles de Léonor*). Et quelles sont ces choses utiles que j'ai n'égligées dans ton éducation, petite ingrate? Mais je m'aperçois que c'est ce vaurien de Didier....

Did. Votre serviteur très humble, ma chère tante, je vais rejoindre Mr. Verteuil dans son appartement.

(*Il sort.*)

Scène quatorzième.

Mad. Beaumont. Léonor.

Beaum. Ce petit coquin! Son tuteur une fois parti, qu'il s'avise de remettre le pied dans ma maison! Mais qu'est-ce donc qu'il t'a conté pour te faire croire que ton éducation était négligée?

Léon. Cela est vrai aussi, ma tante. Les connaissances essentielles qu'une jeune personne bien élevée doit posséder, m'en avez-vous fait instruire?

Beaum. Eh! ma divine Léonor! que manque-t-il à tes perfections, toi qui es la fleur de toutes nos jeunes demoiselles?

Léon. Oui, je sais les choses qui ne sont propres qu'à m'inspirer de la vanité; mais celles qui ornent l'esprit, la géographie, l'histoire, le calcul, en ai-je seulement une idée?

Beaum. Pédanterie que tout cela! Je serais au désespoir de t'avoir fait rompre la tête de ces balivernes; elles ne sont bonnes, tout au plus, que pour un écolier de latin. As-tu jamais entendu rien de pareil dans les cercles de femmes où je te mène?

Léon. J'en conviens. Mais pourquoi du moins ne m'avoir pas fait connaître les travaux dont une personne de mon sexe doit s'occuper? Sais-je manier l'aiguille ou la navette? Serais-je en état de conduire un ménage?

Beaum. Aussi n'ai-je pas voulu faire de toi une marchande de modes, ou une cendrillon.

Léon. Mais si nous venions à perdre Mr. Verteuil, si je tombais dans la misère, quelles seraient mes ressources pour gagner ma vie?

Beaum. Oh! s'il ne tient qu'à cela, je puis d'un seul mot calmer tes inquiétudes. L'argent ne te manquera jamais. Tu nageras dans l'abondance. J'ai si bien tourmenté Mr. Verteuil pour qu'il t'instituât son héritière, qu'il va faire aujourd'hui son testament en ta faveur. Mais le voici qui vient lui-même. Je te laisse avec lui. Il veut t'instruire de ses dispositions. (*Elle sort.*)

Scène quinzième.

Mr. Verteuil. Léonor. Didier.

Did. (*courant à Léonor*). Tiens, tiens, ma soeur! regarde. (*Il lui fait voir une montre.*)

Léon. Comment! une montre d'or?

Did. Oui, comme tu vois. Oh Mr. Verteuil! je suis transporté de plaisir. Permettez-vous que j'aille la faire voir à mon maître? Je cours, et je reviens comme le vent.

Vert. Je le veux bien. Dis-lui que je ne te l'ai pas donnée pour flatter puérilement ta vanité, mais pour t'apprendre à distinguer les heures de tes exercices, et t'empêcher de les confondre.

Did. Oh! cela ne m'arrivera plus maintenant.

Vert. Demande-lui congé pour la journée et annonce-lui ma visite dans l'après-midi.

Did. Fort bien, fort bien. (*Il sort en courant.*)

Scène seizième.

Mr. Verteuil. Léonor (*qui paraît triste et pensive*).

Vert. Qu'as-tu donc, ma chère Léonor? Pourquoi cet air abattu?

Léon. Ce n'est rien, monsieur, rien du tout.

Vert. Es-tu fâchée de ce que ton frère a une montre?

Léon. Elle lui durera longtemps, je crois! Il saura bien comment la gouverner!

Vert. Je viens de lui en apprendre la manière, et ce n'est pas dificile. Tu sais qu'il en avait grand besoin.

Léon. (*d'un ton ironique*). Certainement, je n'en ai pas besoin, moi.

Vert. Je l'ai pensé. Il y a une pendule dans la maison.

Léon. Cependant mes égales ont aussi des montres dans notre société.

Vert. Tant mieux; tu pourras leur demander l'heure qu'il est.

Léon. Et quand les autres me le demanderont à moi, je pourrai leur dire que je n'en sais rien.

Vert. Léonor! Léonor! tu es une petite envieuse. Mais pour te faire voir que je ne t'ai pas oubliée... (*Il lui donne un étui.*)

Léon. (*en rougissant*). Oh Mr. Verteuil!

Vert. Eh bien! tu ne sais pas l'ouvrier? (*Il l'ouvre lui-même, et en tire des boucles d'oreilles de diamants.*) Es-tu contente à présent?

Léon. Oh! si vous étiez aussi content de moi!

Vert. Je ne puis te cacher que je ne le suis tout à fait. Nous voilà seuls. Il faut que je te parle avec franchise. Ta chère tante n'a rien épargné pour te procurer des talents agréables. Je reconnais, à ces soins, son goût et sa tendresse. J'aurais seulement désiré qu'elle se fût occupé de t'en donner en même temps de plus solides.

Léon. Mon frère me l'a déjà fait sentir; mais qui pourrait m'instruire de ce que j'ignore?

Vert. Je connais une digne personne qui prend en pension de jeunes demoiselles pour les former dans tout ce qui convient à ton âge et à ton sexe.

Léon. Ma tante m'a pourtant dit que vous me mettriez en état de n'en avoir pas besoin.

Vert. J'entends. Eh bien! je te laisse la liberté de suivre le genre de vie qu'elle t'a fait prendre, puisqu'il s'accorde avec tes goûts. Repose-toi sur ma tendresse. Après ma mort tu posséderas tous mes biens.

Léon. Tous vos biens, Mr. Verteuil?

Vert. Oui, Léonor. Hélas! je crains qu'ils ne puissent encore suffire pour t'empêcher de vivre dans la misère.

Léon. Que me dites-vous?

7*

Vert. Es-tu en état de te rendre à toi-même le plus léger service? de travailler de tes mains, je ne dis pas à la moindre partie de ta parure, mais à tes premiers vêtements?

Léon. Je ne l'ai jamais appris.

Vert. Il te faudra donc sans cesse autour de toi une foule de personnes pour suppléer à ton ignorance et à ta paresse. Es-tu assez riche du bien de ton père pour les soudoyer?

Léon. Vous m'avez dit que non, Mr. Verteuil.

Vert. D'ailleurs, quand viendra l'âge de t'établir, quel est l'homme raisonnable qui te prendrait pour des talents frivoles, inutiles à son bonheur? Tu ne peux être recherchée que par rapport à la fortune dont tu apporterais la possession avec ta main. Ainsi je me vois de plus dans la nécessité de t'assurer la mienne.

Léon. Mais mon frère?

Vert. Il faudra bien qu'il se contente de ce que je ferai pour lui pendant ma vie, et de ce que tu voudras bien faire toi-même en sa faveur après ma mort. Qu'il s'instruise dans tous les moyens honorables de se former un état. Je lui en ai donné un exemple; il n'a qu'à le suivre. Je te laisse réfléchir sur mes intentions. Je veux les communiquer à ton frère aussitôt qu'il sera de retour. (Il sort.)

Scène dix-septième.

Léonor (seule).

Oh! quelle joie! héritière de tous les biens de Mr. Verteuil! Voilà ce que ma tante désirait avec tant d'ardeur. Je voudrais bien savoir ce que va dire mon frère. Il sera jaloux. Mais je ne l'oublierai pas certainement, pourvu qu'il me reste encore quelque chose après tous mes besoins. J'entends Mr. Verteuil qui revient avec lui. Je vais me cacher dans ce cabinet pour les écouter. (Elle sort sans être aperçue de Mr. Verteuil ni de son frère.)

Scène dix-huitième.

Mr. Verteuil. Didier.

Vert. Ton maître est donc bien aise que je t'ai fait ce cadeau?

Did. Oui, mon cher tuteur, il en est enchanté; mais pour moi, cela me fait de la peine à présent.

Vert. En quoi donc, mon ami?

Did. La pauvre Léonor! Elle est peut-être fâchée de ce que j'ai une montre et de ce qu'elle n'en a point. Je ne voudrais pas vous paraître indifférent pour vos bienfaits; mais si j'osais vous prier....

Vert. Généreux enfant! va, sois tranquille. Elle a reçu des boucles d'oreilles qui valent deux fois ta montre.

Did. Oh mon cher Mr. Verteuil! combien je vous remercie!

Vert. Et je ne bornerai pas à ces bagatelles les témoignages de mon amitié.

Did. Ah! tant mieux! tant mieux!

Vert. Je vois, avec regret, que son éducation n'est propre qu'à lui préparer des chagrins.

Did. Oui, ma chère tante imagine qu'un peu de dessin, de danse et de musique est tout ce qu'il y a de nécessaire dans le monde pour être heureux.

Vert. C'est à ces frivoles agréments qu'elle sacrifie le soin de cultiver son esprit et d'inspirer à son cœur les vertus qui peuvent seules lui attirer une véritable considération. Comme la raison de Léonor a été négligée, elle se contente aujourd'hui de quelques malins applaudissements par lesquels on se joue de sa vanité. Mais lorsque, dans le progrès des années, elle verra combien d'instructions utiles et quel temps précieux elle a perdu, c'est alors qu'elle rougira d'elle même et qu'elle maudira ses lâches flatteurs, qui paieront sa haine par leurs railleries et leur mépris.

Did. Oh! mon Dieu, vous me faites frémir pour elle.

Vert. Et puis qui voudra se charger d'une femme remplie d'orgueil et dépourvue de connaissances qui, loin de pouvoir établir l'ordre et l'économie dans une maison, renverserait la fortune la mieux assurée, par le goût de luxe et une profonde incapacité, également indigne de l'estime de son époux, de l'attachement de ses amis et du respect de ses enfants! Il faudra donc qu'elle demeure sur la terre, étrangère à tout ce qui l'entoure. Que deviendra-t-elle alors sans mes secours?

Did. Oh! je vous en conjure, ne lui retirez pas vos bontés!

Vert. Non, je veux au contraire assurer dès aujourd'hui son destin.

Did. Oui, mon cher Mr. Verteuil, procurez-lui une éducation plus soignée. Elle ne manque point d'intelligence; et j'ose vous répondre de la bonté de son coeur...

Vert. Je le voudrais; mais dans son amollissement pourra-t-elle adopter des principes plus sévères? Non, je vois qu'il vaut mieux m'occuper d'elle pour le temps où je ne serais plus.

Did. Ne me parlez point de ce malheur, je vous prie; les larmes me viennent aux yeux d'y penser. Non, vous vivrez encore longtemps pour notre avantage. Le ciel ne voudra pas nous ravir si-tôt un second père.

Vert. Je suis si sensible à ta tendresse; mais la prévoyance de la mort n'en avance point le moment fatal. Le sort de ta soeur me cause de plus vives inquiétudes. Enfin, j'ai résolu de lui laisser tout ce que je possède, pour qu'elle ait au moins de quoi se préserver de l'indigence.

Did. *(lui prenant la main)*. Oh! je vous remercie mille et mille fois. Combien je me réjouis! Irai-je lui annoncer cette heureuse nouvelle? Mais non, il vaut mieux qu'elle l'ignore. Qu'elle apprenne d'abord des choses utiles, comme si elle devait vivre de son travail. Elle en saura gouverner plus sagement sa fortune. Oh ma chère soeur! je puis donc espérer de te voir heureuse.

Vert. Tu es un bien digne enfant! Ta raison ne me charme pas moins que ta générosité. Viens, mon cher Didier, que je t'embrasse. Moi, ne te rien laisser et donner tout à ta soeur? Comment pourrais-je commettre une telle injustice? Cette pensée était bien loin de mon esprit. Je voulais seulement te mettre à l'épreuve. C'est toi qui seras mon héritier universel, et je cours faire mon testament à ton avantage.

Did. Non, non, Mr. Verteuil, gardez vos premières intentions. Laissez tout à ma soeur. J'en deviendrai plus studieux et plus appliqué. J'acquerrai des talents utiles; je serai un honnête homme. Avec cela, je ne suis pas inquiet de mon avancement.

Vert. Rassure-toi sur le compte de Léonor: je lui laisserai un petit legs, pour qu'elle ne manque jamais du nécessaire.

Did. Eh bien! faisons un échange. Le petit legs à moi, comme un souvenir de votre amitié, et le reste pour ma soeur.

Scène dix-neuvième.

Mr. Verteuil. Didier. Léonor *(qui s'élance hors du cabinet et court se jeter an cou de son frère).*

Léon. Oh mon frère! mon cher Didier! ai-je mérité de ta part...?

Did. Tout, ma chère Léonor, si tu veux répondre à mes souhaits et à ceux de notre digne bienfaiteur.

Léon. Oui, je le ferai, je le ferai. Je vois combien la différence de notre éducation a élevé ton ame au dessus de la mienne, quoique je sois l'aînée. Disposez de moi, Mr. Verteuil, selon votre amitié. Je veux aussi m'instruire et prendre mon frère pour modèle.

Vert. Tu feras ton bonheur, si tu persistes dans cette sage résolution. Mais d'où naît ce changement dans tes idées?

Léon. Ah! je viens d'entendre les voeux de Didier. Son noble désintéressement, son sacrifice généreux, j'ai tout entendu. Je n'ai plus contre lui aucun sentiment de jalousie. Il sera toujours mon guide et mon meilleur ami.

Did. Oui, ma soeur; je veux l'être: j'en ferai toute ma gloire, tout mon plaisir.

Vert. De quels doux sentiments vous me pénétrez l'un et l'autre! Oh chers enfants! je ne sens plus de regret de n'en avoir pas eu moi-même. Vous êtes dans mon coeur comme si je vous avais donné le jour. Je crois voir votre père qui, du haut du ciel, tressaille de joie de m'avoir laissé ces gages de sa tendresse. *(Léonor et Didier se serrent les mains et les arrosent de larmes.)*

Léon. Ne perdons pas un moment, mon cher bienfaiteur. Où est la personne dont vous m'avez parlé pour une meilleure éducation?

Vert. Je te la ferai bientôt connaître. Je me propose de passer encore quelques jours auprès de vous, pour préparer de loin l'esprit de votre tante à seconder mes desseins. Il faut être bien attentifs à ne pas l'offenser; elle mérite toujours vos respects et votre reconnaissance. Elle s'est méprise, Léonor, sur le véritable objet de ton bonheur; mais ses plus vifs désirs n'en étaient pas moins de te rendre heureuse.

Léon. Oui, je le sens; mais je renonce dès aujourd'-
hui à toutes les futilités dont elle m'avait occupée. Plus
de musique, de danse, ni de dessin.

Vert. Non, ma chère amie, cultive toujours ces talents aimables. Songe seulement qu'ils ne forment pas
tout le mérite d'une femme. Ils peuvent la faire recevoir
avec agrément dans la société, la délasser des travaux
de sa maison, et lui en faire aimer le séjour, ajouter un
lien de plus à l'attachement de son mari, la guider dans
le choix des maîtres qu'elle donne à ses enfants, et accélérer leurs progrès. Ils ne sont dangereux pour elle,
que lorsqu'ils lui inspirent une vanité ridicule, qu'ils lui
donnent le goût de la dissipation et du mépris pour les
fonctions essentilles de son état. Ce sont des fleurs dont
il ne faut pas ensemencer tout son domaine, mais qu'on
peut élever, pour ses plaisirs, à côté du champ qui produit d'utiles moissons.

Wörter zur fünften Abtheilung.

1.

Regarder, ſehen. dans ses bras auf ihrem Arme. ressembler gleichen. vraiment wahrlich. être assis ſitzen. couleur Farbe, Geſichtsfarbe. coin Ecke. ardeur Fleiß. se détourner abwenden. pas seulement nicht einmal. avoir l'air ausſehen. en effet wirklich. tirer de peine helfen. s'avancer ſich nähern. pousser un soupir ſeufzen. presser contre son sein an ihre Bruſt drücken. essuyer trocknen. recommencer à couler von Neuem fließen. tout aujourd'-huï heute den ganzen Tag. dépenser auslegen, hingeben. il m'a fallu ich habe gemuſſt. bouger de son lit ſich aus dem Bette erheben. filer au rouet am Rädchen ſpinnen. faire de son mieux sein Möglichſtes thun. revers Rückſeite. rigoureux ſtreng. embarras Kümmerniß. tout le long de l'hiver während des langen Winters. sanglotter ſchluchzen. que wie ſehr. sol, sou Stüber. fouiller nachſuchen. précipitâmment ſchnell. de quoi etwas. baiser küſſen. pour que als daß. s'empresser ſich beeilen. soulager unterſtützen. laborieux fleißig, arbeitſam. secours Hülfe. diligent fleißig. prendre pitié Mitleid haben. fortifier ſtärken. grâces au ciel dem Himmel ſei Dank. là vis-à-vis hier gegenüber. charitable menſchenfreundlich. il m'en coûte es koſtet mir etwas. remède Arznelmittel. inspirer einflößen. dommage Schade. guérir heilen. loger wohnen. exécuter befolgen. ordonner verſchreiben. la santé est longtemps à revenir man erlangt die Geſundheit nur langſam wieder. je n'en manque pas es fehlt mir nicht daran. depuis que je me connais von Jugend auf. être si bien résigné ſo viele Ergebung haben. embrasser umarmen. consoler tröſten. faute aus Mangel, Schuld. pâtir leiden. fainéant faul. finir par devenir zuletzt werden. scélérat Böſewicht. propre reinlich. opiniâtre eigenſinnig. en désordre unordentlich. intéresser einnehmen. patient gebuldig. s'intéresser ſich verwenden. en ta faveur für dich.

2.

S'écrier rufen. se précipiter ſich werfen. essoufflé außer Athem. fauvette Grasmücke. découvrir entdecken. haie Hecke. se glisser ſchleichen. buisson Strauch. s'en douter es ſich verſehen. saisir greifen. échapper entkommen. cage Käfig. accrocher aufhängen. de ce pas jetzt gleich. on va venir te prendre man wird dich ſo-

gleich festnehmen. arrêter verhaften. garde Wache. emmener fort=
führen. aller revenir sogleich zurückkommen. renfermer einschließen.
loge Kämmerchen. faire du mal etwas zu Leide thun. servir à
manger zu essen geben. privé beraubt. se mettre anfangen. ter=
rible schrecklich. nécessités Bedürfnisse. sanglots Schluchzen. en
agir verfahren. prononcer la même chose dasselbe Urtheil fällen.
lâcher fliegen lassen. se sauver davon fliegen. se rassurer sich be=
ruhigen. je viens de te faire un petit conte ich habe das nur er=
dichtet. éprouver auf die Probe stellen. méchamment unartig. em=
prisonner einsperren. ravir benehmen, rauben. gémir wehklagen.
autrement sonst. dorénavant künftig. remplir d'amertumes verbit=
tern. donnée si courte auf so kurze Zeit verliehen.

3.

Vue Gesicht. grand chemin Landstraße. tâtonner herumtappen.
au logis zu Hause. se passer entbehren. guide Führer. s'approcher
nahen, herankommen. ce n'est pas que nicht als wenn. y voir
sehen können. route Weg. d'aujourd'hui vor Nacht. il va être
chagrin wie traurig wird er sein. tout près de lui ganz in seiner
Nähe. se démettre sich verrenken. ornière Geleise. appuyer à terre
niedertreten. passer zubringen. que vont was werden. pousser
ausstoßen. plainte Klage. boiteux Hinkender. accident Unfall. con=
damné genöthigt. boue Koth. un reste de jour ein wenig hell.
inquiétude Unruhe. chanceux unglücklich. avancer weitergehen. se
charger es übernehmen. s'empresser sich beeilen. brancard Trag=
bahre, Sänfte. tirer de peine helfen. voyons laß hören. y toper
einwilligen, einschlagen. lourd schwer. s'agenouiller niederknieen.
grimper klettern. échine Rückgrat, Rücken. se ranger sich stellen.
passer schlingen. me voilà debout da stehe ich wieder. peser wie=
gen. marche vorwärts. en commun gemeinschaftlich. mutuel gegen=
seitig. infirme gebrechlich. il en est de même eben so verhält es
sich. communément gewöhnlich. assister beistehen. réciproquement
gegenseitig.

4.

Banquette kleine Bank. croisée Fenster, Glasfenster. obscurcir
verdunkeln. haleine Athem. vitre, carreau Scheibe. avancer les
lèvres mit den Lippen sich nähern. vapeur Dunst, Hauch. souffler
au dehors herausblasen. se couvrir sich überziehen. épais dicht.
redevenir wieder werden. goutte Tropfen. trouble trübe. propre=
ment eigentlich. distinguer unterscheiden. bout Spitze. humide
feucht. s'épaissir dicht werden. opération Verfahren. bouillant sie=
dend. soucoupe Untertasse. verser schütten. au dessus darüber.
présenter halten. exposer über etwas halten. fond Boden. se
rassembler sich sammeln. retenir behalten.

5.

Sombre trübe, düster. se tromper sich irren. tant pis um so

ſchlimmer. mûrir zur Reife bringen. ondée Guß. bouilloire Sie=
bekeſſel. entretien Unterhaltung. composer bilden.‒arriver geſchehen.
à merveille ſehr gut. retomber herunterfallen. écuelle Napf. le
long an. on ne peut pas mieux ganz recht ſo. pesant ſchwer.
cuvette Küfe. jatte Gefäß. retenir zurückhalten. remonter nach oben
kommen. tour à tour abwechſelnd. essayer verſuchen. soulever
aufheben. remuer bewegen te voilà donc du biſt alſo. convaincre
überzeugen. volume Volumen, Umfang. il n'a pas moyen d'en
douter daran war nicht zu zweifeln. baquet Behälter. pareil gleich.
mêler vermiſchen. tuyau de paille Strohhalm. boule Kugel, Blaſe.
secouer abſchütteln. flotter herumfliegen. fumée Rauch. ballon
Ballen. conjecturer ſchließen, darauf kommen. se briser zerplatzen.
crêver platzen. raison Grund. se mouiller naß werden.

6.

Lieue Stunde, Meile. ne pas demander mieux nichts lieber
thun. mais c'est qu'il me faut aber ich muß. moulin Mühle.
aimer à rendre service gern einen Dienſt leiſten. être en lambeaux zerriſſen ſein. bride Zaum. disposé geneigt. obliger gefäl=
lig ſein. panser putzen. emprunter leihen. écorchure eine geſchun=
dene Stelle. que les choses tournent de cette manière daß ſich
das ſo trifft. intendant Verwalter. avertir benachrichtigen, anzei=
gen. adjuger gerichtlich zuerkennen, übertragen. la coupe das Fäl=
len. employer pour l'exploitation dabei beſchäftigen. plaie Wunde.
drôle Tölpel. grossir vergrößern. parier wetten. y manquer es
unterlaſſen. se rassasier ſich ſatt freſſen. étrier Steigbügel.

Die Mode=Erziehung. Drama.

1.—3. Scene.

Tuteur Vormund. la scène se passe die Handlung hat Statt.
pupille Mündel. que voulez-vous wer kann dafür. incommodités
de la route das Ungemach einer Reiſe. se déplacer fortkommen.
infirmités Gebrechen. courir le monde ſich in der Welt herum=
treiben. séjour Verweilen. motif Urſache. devoir verdanken. heroïque
heldenmüthig. feu ſelig, verſtorben. bout Ende, Ecke. inspirer ein=
flößen. envie Verlangen. que damit. être à sa toilette ſich anklei=
den. intervalle Zwiſchenzeit. monter chez qu. zu Jemandem hin=
aufgehen. saisissement plötzlicher Schrecken. prevenir anzeigen, an=
kündigen. — s'attifer ſich zieren. se tenir en parade zur Schau ſtel=
len. encore si wenn nur. frivolités leichtfertiges Weſen. essentiel
weſentlich. — placer ſtecken. embarrasser kümmern. vif lebhaft, groß.
au moyen vermittelſt. cela er. impoli unhöflich. sauvage wild.
grossier grob. meublé voll. savant gelehrt. pour was angeht.
aisance ungezwungenes Benehmen. fleur de politesse die echte Höf=
lichkeit. perfection Vorzug. enchanteresse reizend. détourner ab=
halten. savoir-vivre die feine Lebensart. un cercle ein Kreis, ein
Kränzchen. un mot heureux ein geiſtreiches Wort. placer anbrin=

gen. rouler ſich drehen um. apparemment wahrſcheinlich. sied
ſchickt ſich. à son tour auch einmal. rouage Räderwerk. monter
aufziehen. il faut Sie ſollten. jaser ſchwaßen. vivacité Lebhaftig=
keit. tendresse Liebe, Zuneigung. parole sacrée heiliges Ver=
ſprechen. régler en conséquence danach einrichten. dispositions
Willensbeſtimmung. se proposer vorhaben, gesonnen ſein. faveur
Gunſt. partager Theil nehmen. fortune Vermögen. étendre ver=
größern. enrichir bereichern. distinction Auszeichnung. frivoles
agréments unnüße Tändeleien. décider mes préférences mich zu
einem Vorzuge beſtimmen.

4. Scene.

Parure. Puß. bien Vermögen. révérence Verbeugung. céré-
monieux ſteif. ne pouvoir jamais réussir ſich nicht anzulegen wiſſen. ôter herunterreißen. renvoyer wegſchicken. dépit Aerger. se
coiffer ſich den Kopfpuß zurecht machen. se détourner ſich abwen=
den. air Miene. dédaigneux verächtlich. réserve Zurückhaltung.
blesser verleßen. témoignage Beweis. devoir de tendres reproches
einen kleinen Vorwurf machen müſſen. tarder zögern. avec bienséance anſtändig. déshabillé Morgenanzug. décent ehrbar. respect
Achtung. empressement Eile. au devant entgegen. accabler über=
häufen. caresse Liebkoſung. vénération Ehrfurcht. saisir erfüllen.
tutoyer dußen. traiter behandeln. familiarité Vertraulichkeit. point
de laß. compliment de cérémonie ſteifes Compliment. taille Wuchs.
élégant zierlich. aise ungezwungen. maintien Haltung. adorable zum
Anbeten. avantage Vorzug. grâces Anmuth. pudeur Schamhaf=
tigkeit. charme Reiz. affabilité Freundlichkeit. ingénu aufrichtig,
offen. expression Ausdruck. les mouvements de l'ame Gedanken
und Gefühle. culture Ausbildung. considération Anſehen. se produire ſich produziren. l'honorer ihr Ehre machen. conscience Ge=
wiſſen. regards Augen. se présenter ſich zeigen. déplaire unan=
genehm ſein. sensible empfänglich, eingenommen. charme Zauber.
convenable paſſend. quoi de was gibt es. ariette Arie. air boudeur ſchmollend. préluder präludiren. applaudissement Beifall.
amour propre Eigenliebe. se mettre à ses pieds ihr huldigen.
obtenir erlangen. ordonner befehlen. je vous ai là une grande
obligation ich habe Ihnen da was Schönes zu danken. fortune
Glück. dépendre abhangen. en voix bei Stimme. vermeille lieb=
lich roth. battre des mains in die Hände klatſchen. rapproché über=
einſtimmend. tige Stengel. languir hinſchmachten. flétrir verwelken.
c'est à dire das heißt. au fond de sa retraite in ihrer tiefen
Verborgenheit. de préférence vorzugsweise. suspendu hangend.
bergère Schäferin. surprise überraſcht. faune Waldgott. re-
toucher nachhelfen. sujet Gegenſtand. heureux geeignet. trait de
bienfaisance wohlthätiger Zug. perfectionner vervollkommnen.

5.—7. Scene.

Malle Felleiſen. ferai-je ſoll ich laſſen. loger beherbergen. don-

ner un coup d'oeil einen Augenblick nachfehen. — le voilà dehors Gott fei Dank, daß er fort ift. piqué ärgerlich. se calmer
fich beruhigen. modération Faffung. se posséder fich zurückhalten.
bizarrerie Eigenheit. exposer ausfetzen. voilà ce que c'est das
kommt daher, wenn. il n'a qu'à revenir er foll mir wieder kommen. conjurer befchwören. de loin au loin dann und wann einmal. héritage Erbe. revenu Einkommen. médiocre mäßig. fournir
beftreiten. être redevable zu verdanken haben. s'occuper forgen.
pourvu que wenn nur. ménager fchonen. égards Achtung. montrer de l'humeur fich unwillig beweifen. de sa part von ihm.
quoi qu'il en soit wie dem auch fei. destinée Loos. ressource
Hülfsmittel. il s'agit es kommt darauf an. intéresser en ta faveur
für dich einnehmen. — tourner la tête den Kopf verdrehen.

8.—10. Scene.

S'incliner fich verbeugen. assister beiwohnen. songer darauf
bedacht fein. éclat Glanz. — fredonner trillern. menuet Menuett.
entrée de chaconne eine Chaconne. la haute danse der vornehme
Tanz. pochette Sackgeige. effacer les épaules die Schultern ein-
ziehen. déployer mollement les bras die Arme ungezwungen ent-
falten. cadence Takt. salut Verbeugung. se retirer abgehen. mar-
quer bezeugen. s'extasier in Entzücken gerathen. se réserver fich
vorbehalten. — s'élancer ftürzen. pétulance Ungezogenheit. étouffer
erdrücken. transport Ausbruch. compassé abgemeffen. brodé ge-
ftickt. il me faut un peu de frisure ich muß meine Haare ein
wenig zurecht machen. avoir des regrets es bedauern. daigner
pardonner gütigft verzeihen. en vouloir à qu. einem böfe fein.

11. und 12. Scene.

Progrès Fortfchritt. plus..plus je mehr... defto eher. s'appliquer
fich verlegen. exercice körperliche Uebung. pousser vigoureusement
ftark treiben. entendu richtig. récréation Erholung. semblables
Mitmenfchen. étourdi leichtfinnig, unbefonnen. dissipé zerftreut.
brouiller verwechfeln. légèreté Leichtfinn. repentir Reue. aveugler
verblenden. fâcher betrüben. vilain häßlich, garftig. de retour zurück. — garder behalten. personne Leib. bagatelle Kleinigkeit.
dépité ärgerlich. prendre l'air in die Luft gehen. s'enrhumer fich
erkälten. grossier grob. indulgent nachfichtig. gros recueil dicke
Sammlung. assoupi fchläfrig. éveillé munter. calcul Rechnen.
la navette die Spule. les détails die kleinen Sorgen. femme de
charge Arbeitsfrau. ménage Haushaltung. ajustements Kleidungs-
ftücke. oisif müßig. commun gemein. bourgeois Bürger. de condition von vornehmem Stande. s'accorder fich vereinen. épou-
vanter erfchrecken. ignorer nicht wiffen. manier umgehen mit. de
quoi vivre zu leben. conduite gute Aufführung. vain eitel. agrément Unterhaltung. louanges Lob. être d'une humeur fo verftimmt
fein. épuiser erfchöpfen. ce sont des sujets bien pauvres das ge-
währt gar wenig Unterhaltung.

13.—15. Seene.

Vaurien Taugenichts. aller rejoindre qu. zu Jemandem gehen. — coquin Schuft. qu'il s'avise daß er sich unterstehe. divin göttlich. fleur Blüthe. vanité Eitelkeit. orner zieren. pédanterie que tout cela Alles Schulfuchserei. rompre brechen. balivernes läppisches Zeug. sexe Geschlecht. cendrillon Aschenbrödel. gagner sa vie seinen Lebensunterhalt verdienen. instituer verursachen. — puérilement kindisch. confondre verwechseln. congé frei.

16.—18. Seene.

Pensif nachdenkend, in Gedanken. abbattu niedergeschlagen. gouverner umgehen. ironique spöttisch. envieux neidisch. étui Etui. franchise Offenheit. épargner sparen. genre de vie Lebensweise. goûts Neigung. suffire hinreichend. foule Menge. suppléer ersetzen. soudoyer besolden, bezahlen. s'établir heirathen. rechercher aufsuchen. — jaloux neidisch. — indifférent gleichgültig. regret Bedauern. des chagrins Kummer. attirer zuziehen. considération Achtung. malin schalkhaft, übelgemeint. se jouer sich lustig machen. maudire verwünschen. lâche niedrig. payer vergelten. raillerie Spötterei. frémir zittern. dépourvu entblößt. renverser durchbringen. assuré festbegründet. luxe Aufwand. profonde incapacité gänzliche Unwissenheit. entourer umgeben. destin Geschick. intelligence Verstand, Einsicht. amollissement Verweichlichung. adopter annehmen. principe Grundsatz. ravir rauben. prévoyance Vorhersehen. avancer beschleunigen. fatal unheilvoll. se préserver sich bewahren. indigence Dürftigkeit. générosité Großmuth. commettre begehen. épreuve Probe. héritier universel alleiniger Erbe. devenir plus studieux mehr studiren. acquérir sich erwerben. avancement Fortkommen. legs Vermächtniß. échange Tausch.

19. Seene.

Répondre entsprechen. disposer de qu. über einen bestimmen. modèle Vorbild. persister verharren. naître entstehen. voeu Wunsch. désintéressement Uneigennützigkeit. guide Führer. tressaillir de joie vor Freude schaudern. gage Pfand. serrer drücken. arroser benetzen. de loin allmählich. seconder unterstützen. se méprendre sich irren. renoncer entsagen. futilité unnützer Tand. délasser Erholung gewähren. lien Band. accélérer beschleunigen. ridicule lächerlich. fonction Pflicht. ensemencer besäen. domaine Besitzthum. moisson Aernte.

Inhalt.

Erste Abtheilung.

Wörter-Sammlung.

Zweite Abtheilung.

Leichte Redensarten des geselligen Umgangs.

Dritte Abtheilung.
Vertraute Gespräche.

Vierte Abtheilung.
Eigenthümliche Redensarten.

Fünfte Abtheilung.
Lehrreiche Unterhaltungen.

Von demselben Verfasser sind noch erschienen:

Praktischer Lehrgang zur schnellen und leichten Erlernung der französischen Sprache. Erster Cursus. Zehnte Auflage. Köln, 1841. (M. DuMont-Schauberg.) cart. 7½ Sgr.

—— Zweiter Cursus. Dritte, verbesserte und vermehrte Auflage. Köln, 1841. (Ebendaselbst.) cart. 7½ Sgr.

Französisches Lesebuch für höhere Töchterschulen. Zweite, vermehrte Auflage. Köln, 1841. (Ebend.) cart. 15 Sgr.

Französisches Lesebuch für Gymnasien und höhere Bürgerschulen. Sechste Auflage. Aachen, 1839. (Cremer'sche Buchhandlung.) 15 Sgr.

Französische Grammatik für Gymnasien und höhere Bürgerschulen. Sechste Auflage. Mainz, 1841. (Fl. Kupferberg.) 15 Sgr.

Handbuch der englischen Umgangssprache, mit deutscher und französischer Uebersetzung. Zweite Auflage. Mainz, 1839. (Ebend.) 15 Sgr.

Erstes Lesebuch für den Unterricht in der englischen Sprache. Enthaltend: Letters of Lady M. W. Montague. Crefeld, 1838. (C. M. Schüller.) 10 Sgr.

Italienisches Lesebuch in drei Cursus. Leipzig, 1834. (Fr. Fleischer.) 22½ Sgr.

Holländische Sprachlehre zum Selbstunterricht für Deutsche. Vierte Auflage. Crefeld, 1839. (Schüller.) geh. 15 Sgr.

Handbuch der holländischen Umgangssprache. Crefeld, 1839. (Ebend.) geh. 10 Sgr.

Handbuch der englischen Handelskorrespondenz. Aachen, 1839. (Mayer.) geh. 15 Sgr.

Handbuch der französischen Handelskorrespondenz. Aachen, 1838. (Ebend.) 15 Sgr.

9 780332 742427